KB049147

다음 세대를 생각하는
인문교양 시리즈

아우름 49

고전의 바다에서
지혜를 낚는 법

동양 고전에서 길을 찾다

이한우 지음

샘터

서양 고전 공부에서 동양 고전 공부를 넘어
동양 고전 번역으로 간 까닭은

현재 내가 '동양 고전 번역가'라는 이름을 갖게 된 이유랄까 동기를 거슬러 올라가 보면 지금으로부터 26년 전인 1995년에 이르게 됩니다. 철학 교수를 꿈꾸며 독일철학으로 석사를 마치고 박사과정에 들어가긴 했지만 생계 문제 때문에 박사과정은 잠시 접어두어야 했습니다. 1991년부터 문화일보에서 신문기자 생활을 시작했고 1994년 12월 조선일보로 옮기게 됐습니다. 그리고 1995년 한해 동안 조선일보에 '거대한 생애 이승만 90년'이라는 1년짜리 기획기사를 맡아서 매주 한두 차례씩 한 면을 써 내려가는 일종의 '이승만 평전' 작업을 하게 된 것입니다.

다행히 대학원에서 독일 철학자 빌헬름 딜타이의 해석학을 공부한 적이 있었는데 거기에는 '전기 쓰는 법'이 포함돼 있었습니다. '체험·표현·이해'라는 3단계를 통해 한 인간의 정신을 파악하고서 정밀하게 써 내려가는 것이 바로 그 사람의 전기 혹은 평전이라는 것이지요.

　처음에는 저도 학교에서 비판적으로만 배워서 그런지 이승만 평전 작업이 썩 달갑지 않았습니다. 그러나 원자료를 확인하고 당시에 생존해 계시던 많은 관련자들의 생생한 증언을 들으면서 저의 생각은 조금씩 바뀌어갔습니다. 이때 중요한 것은 자신의 선입관이나 고정관념을 고집하지 않고 역사적 사실 앞에 마음을 열고 정직해지는 것입니다. 1년 동안 기획기사를 연재하면서 가능한 한 이런 태도를 잃지 않으려 노력했습니다. 그 결과 마침내 독재자라는 편견에 덮여 있던 이승만의 본모습이 조금씩 드러나기 시작했고, 연재가 끝나갈 무렵에는 이승만이라는 인물에 푹 빠졌을 뿐만 아니라 대한민국이라는 나라를 만들어낸 한 개인의 역량에 대해 탄복하지 않을 수 없었지요.

　그러나 여기서 멈춘다면 '탐구자'가 아니라 '숭배자'에 그칠 것입니다. 저는 성향상으로도 숭배자가 될 수 없었고, 또 탐구가 있어야만 다음 세대에게 도움이 될 수 있는 교훈을 얻어내리라 여겼습니다.

이승만에 대한 탐구자로서 1995년 말에 저에게 던져진 질문은 이런 것이었습니다. 탐구가 끝났으나 여전히 탐구해야 할 내용이 너무도 크게 남아 있었기 때문입니다. 이듬해 '거대한 생애 이승만 90년'이라는 제목의 두 권으로 된 책을 내면서 제가 에필로그에 썼던 글의 일부입니다.

우선 1년이라는 기간 동안 90년을 살펴 나라를 위해 전력을 다한 인물의 삶을 제대로 복원한다는 것은 원칙적으로는 불가능에 가까운 일이었다. 그리고 이런 점들을 인정한다고 하더라도 나의 한계는 남는다. 이승만의 삶 자체가 어느 한 분야에 한정된 것이 아니라 한학, 국제법, 정치학, 독립운동, 외교, 대통령 등 한 부문과 해도 벅찬 영역들을 자유자재로 넘나들며 살았기 때문에 통일성을 기하자면 능력의 한계를 느껴야 했다.

여러 개를 언급했지만 실은 가장 큰 문제는 '한학'의 문제였습니다. 이승만은 20살 전후까지 오로지 한문으로 된 동양의 고전들을 통해 인격의 기본을 갖춘 사람이었습니다. 그러니 반드시 한학이란 어떤 학문이며 동양의 고전들은 사람을 어떤 방향으로 길러주는지를 정확히 알 때라야, 이승만의 타고난 품성과 자질은 어떠하며 또 이런 동양의 고전 공부가 어떻게 좋은 영향을 주게 됐는지를 정확히 알 수 있기 때문입니다.

사실 문제의식이 없으면 고전 공부의 필요성을 느낄 수가 없습니다. 예를 들어 신(神)이란 어떤 존재인가에 대한 아무런 문제의식이 없는 사람이 성서나 성경을 읽는다 한들 머릿속에 제대로 들어올 것이며 마음속에 제대로 된 울림이 있을 수 있겠습니까? 천체의 신비와 그것을 풀어보고자 하는 문제의식이 없는 사람이 천문학에 관심을 가질 것이며 또 고대 천문학의 고전들을 읽어봐야겠다는 목표 의식이 생길 수 있겠습니까?

원래 저는 대학이나 대학원에서 서양철학, 그중에서도 독일철학에 매료됐던 학생이었습니다. 그 말은 반대로 하면 동양의 정신세계나 고전에 대해서는 아무런 관심이 없었다는 말입니다. 그런데 우연히 기자가 되어 신문사에서 이승만이라는 한 인물을 탐구하게 되면서 문제의식이 만들어졌고, 이어서 자연스럽게 동양 고전의 핵심 내용을 반드시 알아보리라는 목표 의식이 생겨날 수 있었습니다.

그리고 뒤에 말씀드리겠지만 5년이 지난 2001년부터 본격적인 실행에 나서게 됩니다. 이 책을 통해 여러분에게 이야기하려는 것은 바로 동양 고전을 향해 나아간 나의 20년에 걸친 악전고투 방황기입니다. 길을 잃기도 했고 잘못된 목적지로 가기도 했지만, 돌아보면 동양 고전의 숲속에 뛰어들기로 한 것은 제 인생에서 몇 안 되는 훌륭한 결정이었다고 감히 자부합니다.

여러분에게 다짜고짜 고전, 그중에서도 동양 고전의 세계에 뛰어들라고 말하진 않겠습니다. 그보다는 먼저 여러분이 좋아하는 것은 무엇이고 궁금한 것은 무엇인지를 차분히 생각해 보세요. 나는 인간에 관심이 많은가? 아니면 자연에 관심이 많은가? 나 자신의 내면에 관심이 많은가? 아니면 다른 사람들의 마음에 관심이 많은가? 우리 역사에 관심이 많은가? 아니면 다른 나라의 역사에 관심이 많은가? 질문을 피하지 말고 귀찮아해서도 안 됩니다. 오히려 질문을 향해 나아가 자기 자신을 던지세요. 그러면 질문은 조금씩 답을 보여줄 것이고 그것을 통해 여러분은 자신도 모르게 성장해 있다는 것을 느끼게 될 것입니다.

자, 이제 저와 함께 동양 고전의 세계로 들어가 볼까요?

2021년 3월 28일

이한우 드림

| 차 례 |

1장

번역은
나의 운명

일본어식 엉터리 번역이
거의 절반

나는 1981년 영어영문학과에 들어갔지만 이미 마음은 철학과를 향하고 있었다. 고등학교 때 교과서에 언급된 덴마크의 실존주의 철학자 쇠렌 키르케고르의 책 제목이 멋있어 그의 책을 몇 가지 본 적이 있었다. 우선 '실존'이란 말부터 눈길이 갔고 '죽음에 이르는 병', '불안의 개념', '공포와 전율', '이것이냐 저것이냐' 같은 제목들이 그럴듯했다. 게다가 그는 수필처럼 자기 이야기를 풀어갔기에 고등학생도 어느 정도는 읽어낼 수 있었다. 그러나 철학에 대한 관심은 일단 거기서 멈췄다.

대학에 들어가서는 학생운동에 관심을 가져 사회과학 공부에

몰두했다. 마르크스 사상을 접하기 시작한 것도 이때였다. 마르크스는 철학자와 사회과학자의 면모를 함께 갖추고 있는데, 나는 인간 소외 문제를 깊이 파고든 철학자 마르크스에게 기울었다.

그리고 당시에 유행이던 독일의 프랑크푸르트학파에도 빠져들었다. 그 학파가 바로 '철학자 마르크스'에 바탕을 두고서 보다 현대적인 이론을 제시하고 있었기 때문이다. 다행히 그들의 책이 영어로 많이 번역돼 있었기 때문에 어느 정도 그들의 생각을 직접 읽으며 체험해 볼 수도 있었다. 허버트 마르쿠제의 《이성과 혁명》은 영어로 읽고 또 읽었던 기억이 난다.

프랑크푸르트학파 사상가 중에서도 당시 학생들 사이에 큰 관심을 끈 철학자는 아직도 생존해 있는 위르겐 하버마스였다. 특히 그의 책 《인식과 관심》은 당시 사회과학이나 철학 공부 좀 하는 학생들 사이에서는 필독서에 속했다. 《이성과 혁명》이나 《인식과 관심》은 서양의 고전은 아니지만 준(準)고전에 속하는 책이라 할 수 있다.

그러면서 좀 더 순수한 철학에 관심을 갖게 됐다. 대학원을 가게 될 경우 영어영문학과에서 철학과로 옮겨야겠다는 생각도 그 무렵 하게 됐다. 3학년에서 4학년으로 올라갈 때다. 그래서 칸트도 읽고 헤겔도 공부하면서 이른바 철학과에서 중요하게 여기는 철학자들의 고전들을 하나씩 읽어나갔다. 아직은 독일어가 어설픈 수준이

였기 때문에 당시에 나와 있던 번역본들을 참고했는데 이때 용어의 벽에 부딪혔다. 칸트의 경우 여러 번역본들이 있었지만 하나같이 독일어에서 직접 번역한 것이 아니라 일본어 책을 그냥 옮겨놓은 것이었다. 그러다 보니 일상적으로 쓰지 않는 오성(悟性)이라는 낯선 용어가 툭툭 튀어나왔다. 그냥 지성(知性)으로 옮기면 될 것을 내용을 잘 모르다 보니 그냥 일본어 용어를 가져다 쓴 것이다.

생각해 보면 그때는 철학 자체의 어려움보다 이런 낯선 용어들을 이해하는 것이 더 힘들었던 것 같다. 아무래도 내가 대학을 다닐 때 대학교수 중에는 독일 대학에서 철학으로 학위를 취득하고 온 교수가 거의 없었다. 게다가 대부분 일본어를 잘하는 세대였으니 그런 일이 벌어진 것이다. 사정이 그렇다 보니 일본어로 오역한 것도 그대로 우리말로 옮겨져 난해함을 더하는 일들이 비일비재했다.

실은 그 후에 독일 유학을 다녀온 교수들도 사정이 크게 다르지 않았다. 한참 시간이 흘러 내가 신문기자로 일할 때 바로 위에서 말한 《인식과 관심》이 국내에 번역됐는데 수준이 엉망이었다. 그래서 나는 한 월간지에 '번역 제발 제대로 합시다'라는 글을 기고하면서 그 책의 문제점을 사례를 들어 비판하기도 했다. 그중 일부다.

우리나라에서 아리스토텔레스를 전공하는 학자들에게 "그의 대표작 《형이상학》을 번역하겠습니까, 아니면 그것에 관한 논문을 한

고전의 바다에서 지혜를 낚는 법

편 쓰겠습니까?"라고 묻는다면 열에 아홉은 논문을 쓰겠다고 할 것이다. 공자나 맹자를 전공하는 학자에게 같은 질문을 하더라도 대답은 마찬가지일 것이다. 이 말을 듣고 우리나라 학자들이 창조성이 결여된 번역보다는 '창조성이 있는' 논문 작성에 더 관심이 많으니 다행이라고 생각하는 사람이 있다면 '한국의 학문 현실'을 몰라도 한참 모른다는 소리를 듣기 십상이다.

물론 원칙대로 하자면 논문을 쓰는 것이 번역을 하는 것보다는 창조성 면에서 훨씬 뛰어난 작업이다. 그러나 전혀 창조성이 없는 논문을 써도 얼마든지 학자로 행세할 수 있는 학계 풍토에서는 실력이 드러나는 번역보다는 아는 것만을 추려서 정리한 논문을 쓰는 것이 훨씬 편리한 생존 방식일 수밖에 없다. 게다가 1년에 논문 한 편 쓰지 않아도 되는 것이 우리나라의 교수 사회이다.

우리가 한글로 학문을 한 전통은 길어야 50년도 안 된다. 나머지는 모두 한문 아니면 외국어였다. 그러니 한글로 저술된 책 중에 '고전'이라고 꼽을 만한 책이 많을 수 없다. 여기에 번역의 불가피성이 있다. 특히 고전 번역의 필요성은 대단히 시급하고 중요하다.

그러면 우리의 번역 실태는 과연 어떠한가. 이 글에서는 고전과 연구서들을 중심으로 번역의 수준과 실태를 살펴봄으로써 "황폐화됐다"는 평을 듣고 있는 우리의 번역 문화의 현주소를 확인해 보려고 한다. 책의 선정은 임의적이지만 해당 분야의 학자들 사이에 이미 문제가 많다고 거론된 것들을 중심으로 이루어졌음을 밝혀둔다. 먼저 해당 분야의 전문가가 번역한 경우부터 살펴보자.

첫 번째 예는 독일 철학자 위르겐 하버마스의 《인식과 관심》. 독일 유학을 한 교수가 1983년에 번역한 이 책은 살아 있는 최고의 철학자로 꼽히는 저자의 대표작이며 현대의 고전으로 꼽히는 명저다.

그런데 이 번역서는 머리말부터 오역이 시작된다.

"인식론의 해결 과정을 추종하는 사람은 - 이 사람은 인식론의 위치에서 학문 이론을 내버려 두는데 - 버려진 반성의 단계를 넘어선다."

이 문장을 이해할 수 있는 사람은 아무도 없을 것이다. 이 문장은 독일어 원문 "Wer dem Auflösungsprozeß der Erkenntnistheorie, der an ihrer Stelle Wissenschaftsheorie zurückläßt, nachgeht, steigt über verlassene Stufen der Reflexion"을 옮긴 것으로 내용과 무관한 직역과 문법적 오류가 뒤범벅이 돼 있다.

우선 알아들을 수 있게 번역을 해보면 그 뜻은 대략 이런 것이다.

"인식론은 (범위를 좁혀) 그 자리에 과학 이론만을 남겨두고 해소되는 과정을 겪게 되는데, 이 과정을 (아무런 반성 없이) 그대로 따르는 사람은 반성이 폐기한(무반성적인) 단계들을 향해 나아간다."

즉 이 말은 '현대의 인식론'인 과학 이론은 반성을 결여하고 있다는 지적을 하려는 것이다. 그리고 이런 문맥은 바로 뒤의 문장을 정확히 이해한다면 쉽게 확인할 수 있다. 또 '해결'과 '해소'는 여기서 전혀 다른 뜻이며, 해소 과정을 지시하는 'der'를 사람으로 오역하고 있다.

이 경우 물론 원문도 쉬운 것은 아니다. 그러나 그럴수록 가능한 한 풀어서 번역해야 함에도 불구하고 번역자 자신이 이해를 했는지 못했는지 대충 말만 옮겨놓았기 때문에 이런 결과가 생긴 것이다. 이 책은 문법적 오류가 없는 경우에도 지나친 직역으로 인해 도저히 알 수 없는 문장들이 수없이 등장한다.

이 같은 분노는 철학과 대학원에 들어가면서 더욱 커졌다. 물론 그때는 독일어로 어느 정도 원서를 읽을 수 있었으니 개인적으로 피해는 안 봤지만, 번역된 철학책들을 보고 있노라면 학자들의 윤리 의식이 이것밖에 안 되는지 한심하기도 하고 화도 치밀어 올랐다. 그런 책을 사서 읽는 독자는 번역자의 잘못인지는 모르고 자기가 뭔가 모자라서 이 책을 다 읽지 못했다며 스스로에게 책임을 돌릴 것이 아닌가? 나의 분노는 바로 이 때문이었다. 하긴 그런 분노는 동양 고전을 번역하고 있는 지금도 이어지고 있다.

사실 언어의 어려움은 다 비슷하다고 본다. 영어는 오랫동안 배웠으니 독일어보다는 나을 것이라 여겼는데 기자 시절 취재해 보니 그것도 아니었다. 영어권 철학책이라고 해서 딱히 독일어권 철학책보다 나은 것도 아니었다. 일반 개론서 번역이 이 정도라면 그와는 비할 바 없이 깊고 넓은 내용을 담은 고전 번역은 따로 말할 필요도 없다.

대학원에서 하이데거를 공부하며 오역과 싸우다

대학원에 들어가서 공부할 주제를 위르겐 하버마스에서 마르틴 하이데거로 바꿨다. 하버마스를 공부하다 보니 이 사람은 깊은 독창성이 없고 그저 기존 철학자의 사상들을 현대 사회에 맞게 절충해 놓은 사상가에 불과하다는 생각이 들었다. 그때는 철학적 사유의 매력에 빠져들고 있을 때였다.

그래서 하이데거의 대표작 《존재와 시간》을 우선은 번역서로 읽으려 하는데 도무지 무슨 말인지 알 수가 없었다. 별도의 풀이도 없이 본문만 덜렁 옮긴 번역서가 두 가지 있었는데, 하나는 확인해 보니 역시 일본어판을 그대로 우리말로 옮긴 이른바 중역(重譯)이었고, 또 하나는 독일 유학을 다녀와 교육부장관까지 지낸 국내 학자가 옮긴 것인데 제대로 이해도 하지 못한 채 그냥 번역을 했으니 읽힐 리가 없었다.

오역의 문제는 예를 들면 이런 것이다. '베핀트리히카이트Befindlichkeit'라는 하이데거만의 용어가 있다. 뒤에 공부를 하고서야 알게 된 것이지만 하이데거는 순수한 독일말로 새로운 용어를 많이 만들었다. 단순히 국수주의자라서가 아니라 그가 개척한 철학은 그동안의 철학에서는 다가가지 못해 다룬 적이 없다 보니 그에 맞는 용어가 없어서 만든 것이다. 베핀트리히카이트라는 말도 그중 하나다. 아예 없던 말이 아니라 일상어에서 쓰이는 말에 추상성을 부여해 자신만의 용어를 만들어내는 것이 하이데거의 특기이기도 했다.

일단 이 말은 동사 'befinden'의 명사형이다. 'befinden'이란 어딘가에 머물러 있다, 눈앞에 있다는 뜻이다. 처해 있다는 뜻이다. 그래서 그 후에 어떤 책에서는 '처해 있음'이라고 번역했고, 어떤 책에서는 '상황성'이라고 번역했다. 그러나 이 말의 배경을 모르는 사람이 《존재와 시간》을 읽다가 '처해 있음'이나 '상황성'을 만나면 어떻게 그 뜻을 알 수 있겠는가? 이 말은 사람이란 존재는 끊임없이 순간순간마다 일정한 상황에 처해서 그런 상황을 받아들이고 있다는 말이다. 이는 칸트의 감각에 상응하는 개념이다. 칸트는 인간이 외부 세계를 감각을 통해 받아들여 이성으로 판단을 내린다고

고전의 바다에서 지혜를 낚는 법

보았다. 이런 인간이란 다름 아닌 자연과학을 하고 있는 인간에만 국한된다. 우리 같은 일반인들은 감각으로 하나하나 받아들이는 것이 아니라 외부 세계를 통째로 받아들인다. 그때 통째로 받아들이는 것은 감각이 아니라 우리의 기분이다.

대학원을 마칠 때까지 이런 문제를 명쾌하게 풀이해 주는 국내 학자를 만난 적이 없다. 그런데 석사 논문을 마칠 때쯤 우연히 한 교수님의 방에 갔다가 이기상이라는 한국 학자가 독일에서 하이데거의 철학으로 박사학위를 받았다고 듣게 되었는데, 내가 석사과정 내내 씨름했던 바로 그 문제와 주제가 거의 겹쳤다. 그리고 알아보니 얼마 전 한국외국어대학교에 교수로 임용됐다고 했다. 주저 없이 박사과정을 한국외대로 옮기기로 했다.

한국외대 박사과정에 들어가긴 했으나 1988년 2월 나는 2년 반 동안 군 복무를 하느라 일시적으로 철학 공부를 중단해야 했다. 그리고 1990년 8월에 제대하고서 다시 이기상 교수님에게 제대로 철학 훈련을 받게 된다. 이제 더 이상 오역과 씨름할 일은 없었다. 너무도 명료하고 명쾌했기 때문이다. 아마도 처음으로 어떤 교수님을 '마음의 스승', '학문의 스승'으로 받아들이는 체험을 했던 것이 아닌가 싶다. 이기상 교수님은 본인의 블로그 '살림의 생명학'에 나에 관한 글(2020년 11월 5일 자)을 올리셨는데, 그중에 당시 대학원 공부를 하러 박사과정을 옮긴 나를 바라보던 교수님의 시각이 실려 있어 그 부분만 소개한다.

　학생 시절의 이한우를 잘 기억한다. 아무도 기억하지 못하겠지만 대학원생 이한우는 무척 어려운 시절을 보냈다. 그렇지만 그 어려운 시절을 꿋꿋하게 견디며 아픔을 자기 수련의 마당으로 승화시켰다. 대학원 학비 조달도 어려웠던 이한우는 자신의 능력이 닿는 일은 마다하지 않고 열심히 했다. 그중 하나가 책을 번역해서 출간하는 일이었다. 그리고 수습기자로서 여기저기 글을 써서 냈다. 내 첫 철학 저서인《하이데거의 실존과 언어》도 이한우가 문예출판사의 전병석 사장님을 소개해 준 인연으로 거기서 출판하게 되었다.

　제자 이한우는 글 해독 능력이 뛰어났다. 대학원 시절 매주 한 차례 하이데거 강독회를 했는데 그때마다 뛰어난 우리말 표현 능력으로 큰 도움을 주었다. 학문적인 능력이 뛰어났지만 대학 사회에서는 인정을 받지 못했다. 학과를 바꾸고 대학을 옮기고 지도교수를 바꾸고 하면 학계에서는 보이지 않는 차별을 받는다. 어렵사리 교양철학 강좌 하나를 만들어주었는데 수강생이 미달되어 폐강된 적이 있다. 그렇게 시작부터 삐걱거린 이한우의 강단 진입이었다. 여러 사정으로 인해 유명 외국 주간지 한국지부 기자로 발탁되어 거기서 자신의 역량을 키웠다. 되돌아보면 이한우의 학창 시절은 평탄하지만은 않았다. 그러나 이런 시련들을 다 이겨내고 오히려 그것들을 자기를 닦는 기회와 도구로 삼았다. 그 결실을 오늘 맺기 시작하고 있다고 본다.

좁은 울타리 속에 갇힌 학자가 아니라 살아 있는 지성인으로서 이한우 선생은 대중과 소통하며 자신의 시대를 열어가리라 믿는다. 이제 자신 있게 《이한우의 주역》이라는 이름으로 책을 냈으니 앞으로 새로운 시각으로 동서양의 통합을 시도해 나가리라 기대한다. 이한우 선생만이 할 수 있는 일이다.

윗글은 2020년 10월 《이한우의 주역》을 내면서 머리말에 다음과 같은 감사의 글을 남긴 데 대한 선생님의 답인 셈이다.

학문적 철저함의 중요성을 일깨워 준 또 한 분의 은사 이기상 선생님께도 깊이 감사드린다. 20년 넘는 직장 생활을 마치고도 다시 학문하는 자세를 회복할 수 있었던 것은 이기상 선생님의 가르침 덕분이었음을 시간이 지날수록 깨우치게 된다.

이때 학문하는 자세를 회복할 수 있었던 원동력이 바로 고전 이해력이다. 고전 이해력의 경우에는 동서양이 없다고 본다. 어렵기는 하지만 불가능한 것은 결코 아닌 것이 고전 이해이기 때문이다.

뜻하지 않은 경험이 넓혀준 번역의 지평

1988년에 대학원을 마치고 논산훈련소에 들어갔다. 이때는 이미 여러 권의 철학책을 번역한 상태였다. 사실 나의 문장 훈련은 기본적으로는 이 책들을 출판하면서 당시 문예출판사 편집장으로부터 혹독하게 이뤄졌다고 할 수 있다. 사실 석사 논문을 겨우 쓴 것 말고는 한 권의 책 분량을 저술이건 번역이건 해본 경험이 없었고 또 문장 자체에 대해서는 깊은 생각이 없었던 시절이라 내 문장 실력은 그저 그런 수준이었다고 할 수 있다.

그런데 대학원 시절 3권 정도의 철학책을 번역하면서, 그때는 잘 몰랐지만 지금 생각해 보니 상당한 훈련이 됐던 것 같다. 맨 처

고전의 바다에서 지혜를 낚는 법

음 번역한 책은 독일의 철학자 헤르베르트 슈내델바흐의《헤겔 이
후의 역사철학》이라는 책이었다. 역사철학이나 역사 이론은 조금
공부한 상태라 내용을 옮기는 것은 크게 어렵지 않았지만, 문제는
한국말 실력이었다. 처음에는 부사를 어디다 두어야 할지조차 몰랐
으니 말이다.

지금이야 컴퓨터로 작업을 하지만 그때만 해도 원고지에 손으
로 번역 문장을 다 써야 했다. 그런데 한 장(章)씩 번역을 해서 출판
사에 가져갈 때마다 보기 민망할 정도로 빨간 펜으로 수정된 처참
한 원고지를 받아 봐야 했다. 당시 그 편집장은 문예창작과 출신이
라 내용보다 문장을 더 중시했는데 나이 차이도 있어 쌍욕은 안 했
지만 매섭게 야단을 쳤다. 솔직히 그만둘까 하는 생각도 여러 번 했
지만 가만히 들어보면 그분의 말씀이 대부분 옳았다.

사실 지금이야 데이터베이스도 잘되어 있고 구글이 있어 자료
나 사전을 찾아보기가 간편하지만, 당시만 해도 일일이 다 사전으
로 확인해야 했기 때문에 집에 있는 사전만으로는 부족해 번역 작
업은 대부분 대학원 도서관에서 해야 했다.

사실 전공 분야 번역은 그나마 어렵지 않다. 늘 공부하던 범위
의 어휘들을 통해 옮겨가면 되고, 사용되는 문법 또한 일정하기 때
문이다. 분야가 달라질 때 그것은 언어의 문제가 아니었다. 영어로
된 철학책을 많이 읽었다고 해서 영어로 된 문학이나 사회학 책을

잘 번역할 수 있는 것은 아니기 때문이다.

논산훈련소에서 훈련을 마치고 배치된 부대가 마침 한 사령부의 번역실이었다. 군대에 번역실이 있다는 것도 처음 알았다. 사실 대학원까지 마치고 28살에 병사로 입대했기에 걱정이 많았는데 번역실에 배치되어 얼마나 다행으로 여겼는지 모른다. 다른 건 몰라도 그 나이에 자기 이름으로 번역서를 낸 사람이 얼마나 되겠는가?

그런데 이런 무지함을 깨닫는 데 시간은 얼마 걸리지 않았다. 번역실에 신병으로 가면 제일 먼저 하는 게 군대의 계급과 제대(梯隊) 이름을 외우는 것이다. 즉 이등병부터 시작해 장군까지의 계급장 이름을 영어로 알아야 한다. 동시에 분대에서 시작해 군단까지 부대 이름도 영어로 알아야 한다.

그러나 이 또한 시작에 불과했다. 초창기에 어떤 중령이 와서 작은 페이퍼 번역을 부탁했다. 한눈에 보아도 너무 쉬웠다. 자랑도 할 겸 단숨에 번역해 그날 바로 가져다줬더니 칭찬을 하며 돌아가라고 했다. 그런데 사무실로 돌아와 30분도 되지 않았는데 그 중령이 전화를 하더니 호통을 치면서 당장 자기 사무실로 올라오라는 것이 아닌가? 지금도 그중 한 문장이 기억난다.

The unit strikes.

얼마나 쉬운가? '그 단위가 때린다.' 그러나 그게 아니었던 것이다. 여기서 'unit'이란 분대부터 군단까지를 모두 포괄하는 부대라고 옮겨야 한다. 그래서 우리가 흔히 군부대라고 하는 것도 'military unit'이 되는 것이다. 'strikes' 또한 군사 용어로 '타격하다'이다. 즉 '그 부대가 타격한다'라고 옮겨야 할 것을 그냥 일상어로 옮겼으니 그 중령이 얼마나 황당했겠는가?

이처럼 새로운 분야에 들어가면 일단 그 분야에서 쓰는 용어부터 익혀야 한다. 그러나 그것은 출발점일 뿐이고 궁극적으로는 그 분야의 사고방식, 예컨대 군대에서는 'military thinking'을 체득해야 한다. 이런 군사적 사고방식이 몸에 스며들고 나야 비로소 새로운 단어를 보면 군사적 맥락에서 정확하게 옮기게 되는 것이다.

그리고 군사적 사고방식을 익히는 데 있어 중요한 개념들이 있다. 군사란 전쟁과 관련돼 있기 때문이다. 내가 군사적 사고방식을 익혀가는 과정에서 가장 고생했던 단어가 'Depth'다. 그냥 '깊이'라고 옮기면 당연히 낭패를 당하기 십상이다. 군사 용어로 'Depth'는 종심(縱深)이라고 하는데 아마도 일본에서 온 말인 듯했다. 종심이란 간단히 말하면 공간과 시간 그리고 자원상의 작전 범위를 말한다. 그래서 우리말로는 좀 더 분명히 하기 위해 '종심 깊은'이라는 용어로 약간 풀어서 번역하기도 한다. 이와 관련해 종심방공, 종심방어, 종심작전, 종심전투 등의 용어를 사용하게 된다. 이와 같이 꼬

리표처럼 앞에서 자주 쓰이는 말이 방금 말한 중요한 개념이며, 대체로 어떤 분야건 이런 중요 개념 50여 개 정도를 제대로 익혀야 그 분야의 사고방식을 할 수 있다. 이는 그 분야의 주요한 책들을 번역함에 있어 필수적이라고 할 수 있을 것이다.

예를 들어 철학을 공부하며 철학적 사고방식을 체득하려고 할 때 현상과 실재, 실체, 근본, 이유와 원인, 목적, 목적론, 기계론, 절대정신, 순수이성, 실천이성 등을 모르고서 가능할까? 공자의 정신세계를 익히려 하면서 군자와 소인, 인(仁)·지(知)·용(勇)의 관계, 예(禮) 등을 제대로 알지 못하고서 공자적 사고방식을 습득할 수 있겠는가? 당연히 안 될 일이다.

2년 3개월의 번역병 시절에 의도하지 않게 배운 것은 바로 이런 사고방식의 중요성이다. 그런데 이런 사고방식은 한번 겪어보니 무한히 확대되는 것은 아니고, 중요 개념과 그 밖의 군사 지식들이 쌓이자 일정한 한계선이 있다는 것을 알게 됐다. 나의 경험으로는 열심히 공부한 것을 감안할 때 대략 6개월 정도 되니 그 한계선이 보였다. 그것을 나는 이제 '번역의 지평선'이라 부르고자 한다. 지평선을 확인하게 되면 그런 사고방식의 전체 범위가 확정돼 단어 하나, 문장 하나를 번역할 때도 훨씬 정확하게 번역을 하게 된다.

당시 번역실 동료 중에는 애당초 영어 실력도 떨어지는 데다가 노력도 하지 않아 결국 제대할 때까지 작은 보고서 하나 자기 이름으로 번역하지 못하는 사람이 있었다. 그 사람이 도달하지 못한 것은 다름 아닌 지평선의 확보였던 것이다. 이런 번역의 지평선을 확보하느냐 하지 못하느냐가 번역에서는 중요하지, 그것이 영어냐 독일어냐 한문이냐 하는 것은 부차적이라고 할 수 있다. 번역에 이르는 지름길은 문법이 아니라 지평선의 확보다. 이는 내가 한참 후 그 낯선 한문 번역에 뛰어들었을 때 위력을 실감할 수 있었다.

이런 사고방식을 갖추게 되면 자연스러운 우리말을 찾는 데도 큰 도움이 된다. 제대를 얼마 남기지 않았을 때 당시 군에서는 일본 용어를 우리말로 바꾸는 작업을 했는데 몇 가지 제안이 받아들여진 것이 있어 적어본다.

첫째는 불출(拂出)이라는 말이다. 불(拂)은 우리가 흔히 지불한다고 할 때의 그 '불'이다. 순우리말로 내어준다는 뜻이다. 영어로는 'issue'다. 주로 군수품을 병사들에게 내어줄 때 자주 쓰는 용어다. 이것을 '지급하다'로 고쳤다.

둘째는 병참(兵站)이라는 말이다. 군사 물자를 지원하는 기지를 말하는데, 영어로는 'logistics'다. 요즘은 물류라는 신조어로 많이 쓰고 있지만 그때만 해도 물류는 거의 쓰이지 않았다. 이것을 군수로 고쳤다.

셋째는 장차전(將次戰)이라는 말이다. 실제로 당시 장교들은 '앞으로'라는 말보다 '장차'라는 말을 많이 썼다. 영어로는 'future warfare'라고 했다. 'war'와 'warfare'는 조금 차이가 있다. 'war'는 국가와 국가 간의 무력 충돌인 데 반해 'warfare'는 큰 규모의 전투를 말한다. 예를 들면 공중전이라고 할 때는 'air warfare'가 되는 것이다. 이것을 미래전으로 고쳤다.

물론 내 이름이 아니라 번역실 전체의 이름으로 올린 것이지만 나름대로 의미 있는 기여를 했다고 자부한다.

1990년 8월에 제대하고 그해 12월에 중앙일보 뉴스위크국에 들어갔다. 정확히 1년 근무하고 다른 곳으로 옮겼지만 그 1년 동안 참으로 소중한 경험을 할 수 있었다.

그곳은 말 그대로 미국 시사 주간지 《뉴스위크》의 제작 단계에 기사를 미리 받아 번역해서 미국과 거의 비슷한 시각에 한국에서도 잡지를 발간하는 곳이었다. 20여 명의 제작위원이 1차 번역을 하면 10명 정도의 기자가 다시 그 글을 저널리즘 문체로 바꾸는 일을 했다. 나는 원래 제작위원 시험을 치러 갔다가 성적이 좋다 하여 기자로 특채되었다.

그러나 대학 시절 《타임》이나 《뉴스위크》를 건성으로 읽기는 했어도 문체까지 파고든 적은 없었다. 제작위원들은 파트타임이라 배경이나 직업, 전공 등이 다양했다. 그러다 보니 1차 번역의 수준은 들쭉날쭉했고 문체라고 할 것도 없었다. 거의 새롭게 번역해야 하는 경우도 많았다.

고전의 바다에서 지혜를 낚는 법

문체 이야기를 하기에 앞서 현실적인 고민이 하나 있었다. 한 페이지를 번역하면 원고지 분량으로 25장 안팎이 되는데, 같은 크기의 한국판 한 페이지에는 사진을 제외하면 18장이 한계였다. 즉 25장을 내용을 손상하지 않은 채 18장으로 만들어야 하는 일이 당시 《뉴스위크》 한국판 기자들의 가장 중요한 업무였다. 문장을 통째로 빼는 것은 미국 본사에서 허락하지 않았다.

다행히 모두가 처음 해보는 일이라 저널리즘 문체에 익숙하지 않았던 나도 나름대로 기여할 수 있는 여지가 있었다. 우리는 그것을 나무 망치질이라고 불렀다. 쇠망치로 때리면 부서지기 때문에 마치 나무 망치질을 하듯이 조금씩 압축해 가다 보면 어느새 22장이 되고 20장이 됐다가 18장에 딱 맞춰졌다. 독자들이 궁금할 듯하여 나무 망치질의 실례를 들어보겠다. 임의로 어떤 책의 번역 문장을 골라서 해보자.

조고(趙高)가 난을 일으키고자 하였으나 신하들이 자신을 따르지 않을 것을 우려하였다. 이에 먼저 시험할 요량으로 사슴을 끌고 가서 2세에게 바치며 "말입니다"라고 하였다. 2세가 웃으며 "승상이 잘못 알았다. 사슴을 말이라고 하다니"라고 하였다. 그리고 좌우 신하들에게 묻자 어떤 사람은 대답하지 않고 어떤 사람은 말이라고 대답하여 조고에게 아첨하고 부화하였다. 어떤 사람이 사슴이라고 말하였는데 조고가 이를 기화(奇貨)로 사슴이라고 말한 사람들을 암암리에 해치자 그 후에는 신하들이 모두 조고를 두려워하였다.

나무 망치질의 첫 번째 요령은 '하였다, 되었다'를 '했다, 됐다' 로 고치는 것이다.

조고가 난을 빚으려 했으나 신하들이 따르지 않을까 우려했다. 이에 먼저 시험 삼아 사슴을 끌고 2세에게 바치며 "말입니다"라고 했다. 2세가 웃으며 "아니다. 사슴을 말이라니"라고 했다. 신하들에 게 묻자 대답하지 않는 자도 있었고 말이라고 대답해 고에게 아첨 을 떠는 자도 있었다. 한 사람은 사슴이라고 했는데 고가 이에 사슴 이라고 말하는 자들을 몰래 해치자 그 후로 모두 고를 두려워했다.

두 줄 줄어들었다. 대학원 마칠 때까지 문장 공부를 따로 한 적 이 없지만 다행히 번역을 하게 되면서 출판사 편집장을 통해 어느 정도 문장에 관심을 갖게 됐다. 하지만 전문성이 요구되는《뉴스위 크》저널리즘 문장을 그것도 압축해서 번역하는 일은 보통 힘든 것 이 아니었다. 그러나 이런 작업을 계속 반복하면서 큰 깨달음을 얻 었다. 간명한 문장일수록 힘이 있다는 평범한 사실이다.

사실 대학에서 논문을 쓰다 보면 늘어지는 문장을 쓰게 된다.

흔히 말하는 대학교수의 문장이 바로 그렇기 때문이다. 시작할 때도 바로 주제로 들어가지 않고 서론이 길다. 정작 본론에 들어가면 갈팡질팡한다. 그리고 글을 마칠 때는 '아무튼', '결론적으로'라고 얼버무린다. 반면에《뉴스위크》기사들을 직업적으로 관찰해 보니 첫 문장에서 바로 하고자 하는 바를 제시하고 이어 그에 따라 독자들이 궁금해할 만한 것들을 차곡차곡 풀어가는 방식으로 기사 구성이 돼 있는 것을 확인할 수 있었다.

게다가《타임》에도 타임 문체가 있듯이《뉴스위크》에도 독특한 문체가 있었다.《타임》이 고궁이라면《뉴스위크》는 도회풍이라 뉴욕 같다.《타임》이 우아한 문체라면《뉴스위크》는 산뜻한 문체였다. 같은 시사 주간지에서 이러한 차이를 읽어내니 문체에 조금씩 관심이 갔다. 학교 때 배운 문체라야 만연체가 어떻고 간결체가 어떻고 하는 것이 전부였다. 사실 만연체나 간결체는 문체라고 부르기에도 민망하다. 그저 늘어진 글과 짧은 글일 뿐이다. 문체는 개성에 가까워 수십 수백만 종이 있을 수 있다. 그 후 어떤 책을 번역할 때는 제일 먼저 첫 장 정도를 읽어보며 문체가 어떤지를 살피게 됐다. 그리고 번역할 때도 가능하면 원저자의 문체를 따르려고 했다.

가장 좋은 번역은 그래서 문체까지 옮긴 번역이라 할 것이다. 그런데 이런 문체 번역에 성공하려면 가장 중요한 것은 뉘앙스 번역이다. 중요 단어의 뉘앙스를 정확하게 찾아서 옮길 때 그 문장은 성공에 이르게 된다. 《논어(論語)》에 있는 사례 하나를 살펴보자.

　　남들이 알아주지 않아도 성내지 않으면 이 또한 군자가 아니겠는가?

　　흔히 '人不知而不慍 不亦君子乎(인부지이불온 불역군자호)'를 이렇게 번역하고 있다. 우선 '不亦'은 '또한 ~ 아니겠는가?'가 아니고 '정말로 ~ 아니겠는가?'이다. 그런데 이보다 중요한 것이 온(慍)의 번역이다. 성낸다는 것은 겉으로 화를 드러내는 것이다. 그렇다면 분노라고 할 때의 노(怒)라고 해야 한다. 그러나 이는 상식적으로 말이 안 된다. 겉으로 성내지 않는 정도에 그치는 것이 아니라 속으로조차 서운해하는 마음을 갖지 않아야 군자라 할 수 있기 때문이다. 공자가 그렇게 강조하는 자기 수양이란 걸 생각해 보면 둘 중에 어느 것이 옳을지는 더 물어볼 필요도 없다. 즉 공자의 생각을 정확히 아는 것이 바로 이 문장을 제대로 번역하는 지평선이 되는 것이다. 다시 말하지만 번역의 완성은 문체까지 옮길 때 완성된다.

어휘 풀이

제대(梯隊) 배열·배치된 어떤 부대를 한 구분체로 매기어 이르는 말.
부화(附和) 주견이 없이 경솔하게 남의 의견에 따름.
기화(奇貨) 못되게 이용하는 기회.

　　　　　　　　　　　　　　고전의 바다에서 지혜를 낚는 법

내가 생각하는
번역이란?

번역에는 흔히 직역(直譯)과 의역(意譯)의 논란이 있다. 직역은 원문의 문법에 충실하게 번역하는 것을 말하고, 의역은 좀 더 번역되는 쪽의 언어 맥락을 중요하게 여긴다. 그러나 이 문제에 관한 한 나의 입장은 분명하다. 둘 다 제대로 된 번역이 아니고 정역(正譯)이 답이다. 직역을 한다며 우리말에서 벗어나서는 안 되고, 의역을 한다면서 원문의 문법과 문맥에서 벗어나서는 안 되기 때문이다. 그래서 종종 의도적이건 의도적이지 않건 오역을 해놓고 누가 지적을 하면 주로 둘러대는 것이 "의역이었다"라고 하는 변명이다. 이런 경우가 종종 우리 사회에서 일어난다. 2008년 4월 광우병 사태가

한창일 때 한 방송사가 이런 문제를 던졌다. 이에 대해 번역가인 이종인 씨는 조선일보에 쓴 기고문에서 이렇게 말하고 있다.

지난 4월 광우병 문제를 처음 보도한 MBC의 〈PD수첩〉이 미국 측 자료를 오역하여 과장 혹은 왜곡한 것이 아니냐는 비난이 쏟아지자, 〈PD수첩〉은 며칠 전 '오보 논란의 진실'이라는 코너에서 '번역을 또박또박 하지 않고 의역을 해서 오해 여지를 남긴 것은 유감'이라고 말했다. 이 기사를 읽고 있노라면 직역을 했으면 아무 문제도 없었을 텐데 의역을 했기 때문에 불필요하게 오역의 인상을 주었다는 느낌을 받는다.

오래 번역업에 종사해 온 사람으로서 직역, 의역, 오역에 대해서 한마디 하지 않을 수 없다. 모든 번역은 원문의 아이디어를 그대로 전달한다는 점에서 직역이 원칙이다. 직역은 통상적으로 원문의 형태를 가능한 한 그대로 유지하는 번역을 말한다. 원문에 vCJD(인간 광우병)라고 쓰여 있으면 그대로 쓰고 원문에 CJD(크로이츠펠트·야코프병)라고 쓰여 있으면 그대로 쓰는 것이 직역이다. 그리고 언어들 사이의 문화 차이로 인해 직역하면 문장의 의미가 통하지 않을 때, 어색한 문장이 될 때, 문장의 호흡이 끊어질 때 등에 한하여 의역을 하게 된다. 이때에도 의역은 원문의 뜻을 잘 전달하기 위한 보조 장치일 뿐, 원문의 뜻을 그르치고 번역자 마음대로 의미를 주물

고전의 바다에서 지혜를 낚는 법

러도 되는 것은 결코 아니다. 이러한 직역이나 의역은 오역과는 아무런 상관도 없다. 오역은 그저 오역일 뿐이다. 같은 '역(譯)' 자로 끝나서 오역과 의역이 사촌지간이나 되는 것처럼 둘러댈 수 있을지는 모르나, 이 둘은 아무 혈연관계도 아니며, 정도의 차이가 아니라 종류의 차이를 가진 아주 다른 것이다. 오역은 대체로 보아 아예 모르는 경우, 사전 찾기 귀찮아서 추측한 경우, 모르지는 않는데 착각한 경우, 문장의 표면과 심층을 혼동하여 해석한 경우 등 네 가지 유형이 있다. 그러나 이런 모든 경우를 넘어서서 최악의 오역은 어떤 생각이나 의도에 너무 집착하여 명백하게 나와 있는 단어나 표현을 일부러 원문과 다르게 해석해 놓는 경우이다.

이 문제는 실제 번역 사례를 살펴보면 훨씬 분명해진다. 실은 단어에서도 오역이 일어난다. 그것은 주로 전문성 결여다. 아리스토텔레스의 저서 중에 《수사학》이란 책이 있는데 국내에는 프랑스 언어학 전공자가 프랑스 번역판을 갖고서 옮긴 번역서가 있다. 우선 그중 한 문단을 보자.

수사학은 변증법과 '유사'하다. 사실 이 두 학문 분야는 모든 인간이 가진 공통의 능력과 어느 정도 관련이 있으면서도, 어떠한 특별한 과학도 필요로 하지 않는 문제들과 관련이 있다. 모든 인간은 그러한 두 분야에 어느 정도는 관계되어 있는 것이다. 인간은 누구나 하나의 명제에 대해 질문하거나, 그 명제를 옹호하려 들고, 또한 변호하고 비난하려 든다. 단지 대부분의 사람들은 어떠한 구체적인 방법도 없이 그렇게 행하고 또 다른 이들은 '아비투스habitus'에서 기인하는 습관에 의해 그렇게 행하는 것이다.

사실은 그리스어 원본을 제대로 번역하는 것이 가장 바람직하겠지만, 그렇지 못할 경우 종종 권위 있는 유럽이나 미국의 번역본을 기반으로 번역하는 것도 나쁘지는 않다. 나는 그래서 영어 판본으로 이 부분을 다시 번역해 보겠다.

수사학은 변증술의 상대방이다. 왜냐하면 이 두 분야는 모든 사람이 어떤 식으로건 파악할 수 있는 그런 공통된 것이면서 (동시에) 그 어떤 한정된 학문에도 속하지 않는 그런 것을 다루기 때문이다. 따라서 실로 모든 인간은 그 두 분야와 어느 정도는 관련을 갖고 있다. 왜냐하면 모든 인간은 일정한 수준에서 각종 탐구를 하거나 (그 결과물을) 설명을 하려 하고 또 방어를 하거나 문제를 제기하려고 하기 때문이다. 그런데 일반 공중(公衆)들 사이에서는 어떤 사람들은 이런 과제를 무턱대고 하고, 어떤 사람들은 관습에 따라 혹은 습관에 따라 과제를 수행한다.

일단 변증술과 변증법은 다르다. 그리고 굳이 습관을 부르디외의 사회학 개념인 아비투스라고 옮겨야 했을까? 변증법은 독일 철학자 헤겔에게서 비롯된 것이고, 변증술 혹은 변증론은 고대 그리스 때부터 있던 것이다. 예전에 어떤 문학비평 전공 교수가 미국의 문학 이론가 에릭 허시의 《문학의 해석론》이란 책을 번역했는데 제목부터 오역이다. 해석학이란 말조차 들어본 적 없이 허시의 문학해석학을 번역한 것이다. 그러다 보니 해석학에서는 해석interpretation과 해설explication이 명백하게 다른 용어임에도 둘 다 그냥 해설이라고 해놓았다. 또 현상학의 기초 개념인 환원reduction을 '축소'라고 옮겼고, 해석학의 핵심 개념인 해석학적 순환hermeneutical circle을 '해석학의 원'이라고 옮겨놓았다. 또 담론 공동체universe of discourse를 '논설적 우주'라고 옮겼다. 이런 사람에게 지적을 하면 무지를 인정하기보다는 직역이니 의역이니 하면서 자신의 오역을 '변증'하려 한다. 참으로 안 될 일이다.

이제 본격적으로 번역의 과정에 들어가 보자.

첫째는 번역하고자 하는 해당 외국어의 단어와 문장 그리고 문단과 장(章)을 차례로 만나게 된다. 이 단계에서는 아직 우리말이 개입될 여지가 없다고 봐야 한다. 오히려 가장 영어적으로, 독일어적으로 그 텍스트를 파고들어야 한다. 단어를 통해 문장을 이해하고, 다시 문장을 통해 단어를 이해한다. 이어서 문장을 통해 문단을 이해하고, 다시 문단을 통해 문장을 이해한다. 이는 문단과 장, 그리고 장과 책 전체에도 그대로 적용된다. 이것이 바로 방금 말한 해석학적 순환이다. 단어는 그 자체로는 뜻이 여러 가지이기 때문에 아직 단어만으로는 그중에 어떤 뜻이 여기에서 맞는지 알 수가 없다. 문장을 통해 일단 보아야 하는 것이다. 방금 보았던 변증론이 그런 경우다. 둘 다 가능하지만 'dialectic'이란 단어가 고대 그리스 철학의 문맥에 있는지, 근대의 헤겔 철학의 문맥에 있는지를 파악해야 그중 하나로 결정이 되는 것이다. 당연히 고대 그리스 사람인 아리스토텔레스의 책을 읽는 것이니 십중팔구 '변증론'일 가능성이 높은 것이다.

이런 식으로 먼저 원서의 내용을 총체적으로 파악하게 되면 우리 머릿속에는 어떤 사안이 그려지게 된다. 여기에서 그 해당 언어의 문법을 빈틈없이 이해하는 것은 필수에 속한다.

둘째는 이렇게 머릿속에 그려진 사안을 내가 우리말로 풀어내야 한다. 이것이 번역이다. 즉 언어에서 곧장 언어로 가는 것이 아니라, 일단 내 머릿속에서 그 번역하려는 사안을 정확히 그려내고 다시 그것을 우리말로 풀어내는 것이 번역인 것이다. 이때 절감하게 되는 것이 바로 우리말 능력이다. 그리고 첫째 단계의 끝은 스타일, 즉 문체이기 때문에 첫째 단계에서 그 책의 문체에 대한 파악이 어느 정도 끝나야 둘째 단계에서 우리말로 풀어낼 때도 가능한 한

고전의 바다에서 지혜를 낚는 법

원서의 문체를 복원해 낼 수 있다. 물론 딱딱한 논문이야 문체의 문제가 그리 중요하지 않지만, 저자의 개성이 강한 글일 경우에는 반드시 그 사람의 문체까지 파악한 다음에 우리말로 옮기기에 나서야 한다.

그래서 나는 수십 권의 책을 번역하면서 꼭 지키려는 원칙이 하나 있다. 길건 짧건 원서의 마침표를 지켜주는 것이다. 문장이 길다고 해도 독자의 편의를 위해 한 문장을 두세 문장으로 자르는 것은 친절을 빙자한 폭력이다. 그것은 번역자의 바른 태도가 아니다.

번역의
즐거움

실무적인 번역 이야기에서 잠시 벗어나 번역이 주는 즐거움에 대해
간략히 언급할 것들이 있다. 아마도 그런 즐거움이 없었다면 내가
어떻게 지난 35년 동안 거의 매년 한두 권씩 번역서를 낼 수 있었
겠는가?

첫째는 사고를 명료하게 해준다. 물론 모든 사람의 번역 작업이
다 그렇다는 뜻은 아니다. 앞서 본 대로 오역을 일삼게 되면 번역을
할수록 머릿속은 몽롱해진다. 지성의 핵심이 바로 '몽롱'에서 '명료'
로 나아가는 것임을 감안하면 오역은 그만큼 치명적인 행위다.

번역이 처음부터 명료한 것은 아니다. 처음 접하는 단어를 만나

고생할 수도 있고 문장이나 문맥이 안 잡혀 고생을 할 때도 있다. 예전에 독일 철학자 한스 게오르크 가다머의 《진리와 방법》을 번역해 보려고 앞부분을 직접 옮긴 적이 있다. 그때 장인들의 'Taktik'이라는 말이 나왔는데 영어로는 'tactics'이니 전술, 계략 정도의 의미였다. '장인들의 계략'이란 말이 안 되지 않는가? 아마도 한 2주 정도 고민에 고민을 거듭했던 것 같다. 사전에 있는 용례로 뜻을 확정할 수 없을 경우에는 어쩔 수 없이 문장 속에서 문맥을 통해 잡아내야 한다. 'Taktik'에 대해 아직은 어두운 상태에 놓여 있었던 것이다. 그런데 어느 순간 딱 맞는 우리말이 떠올랐다. '조예(造詣)'였다. 장인이 어느 한 분야를 오래 하다 보면 터득하게 되는 깊은 경지가 바로 그것이었다. 가다머는 실전 경험은 없이 방법만 갖춘 과학자보다는 장인들의 조예야말로 진리라고 말하고 있었던 것이다. 그때의 기쁨이 지금도 생생한 것을 보면 번역이 사고를 어둠에서 밝음으로 인도하는 힘은 참으로 대단하다는 생각이 든다.

둘째는 생각하는 힘을 길러준다. 물론 독서도 생각하는 힘을 길러주지만 번역에 비길 바가 아니다. 마치 정글을 헤쳐 나가듯 각종 어려움을 하나하나 극복하며 번역을 해나가다 보면 자연스럽게 생각하는 힘이 늘어난다.

특히 대가나 고전의 책은 정답보다는 문제 제기가 더 많은 편이다. 따라서 문제에 대한 정해진 답을 찾기보다는 어떤 문제를 다양한 각도에서 바라볼 수 있는 태도를 갖게 해준다. 아마도 내가 대학원에서 공부할 때부터 철학자의 원서를 바로 보면 보았지 그에 관한 해설서를 먼저 읽지 않았던 것도 같은 이유에서였던 것 같다. 예를 들면 칸트의 《순수이성비판》을 직접 읽으면 큰 줄거리를 잡게 되는 보람 못지않게 칸트가 던져놓은 새로운 문제들에 노출되는 곤란함 또한 컸다. 그러나 그런 문제들을 내 것으로 여기며 이런저런 질문들을 던질 때 생각하는 힘은 알게 모르게 늘어난다. 그런데 가끔 주변에 보면 간략한 해설서 하나 읽고 마치 《순수이성비판》을 다 이해했다는 듯이 이야기하는 친구들도 있다. 물론 그런 친구들 중에 지금도 철학을 하는 사람은 본 적이 없다. 아마도 이런 자세를 잃지 않았기에 나는 뒤늦게라도 그 어렵다는 한문의 성곽으로 둘러싸인 공자의 정신세계로 뛰어들어 조금이나마 성과를 이룰 수 있었던 것인지 모른다.

비슷한 맥락에서 번역은 끝까지 하는 힘도 길러준다. 번역을 하게 되면 싫건 좋건 끝내야 한다. 앞서 말한 것처럼 단순히 언어를 옮기는 것이 아니라 해당 언어를 통해 먼저 사안을 구성하고 다시 우리말로 풀어내는 작업을 하다 보면 저자의 사고를 처음부터 끝까지 따라가게 된다. 그리고 이런 식으로 여러 책들을 번역하고 나니 어느 순간 가장 쉬운 일이 책 쓰는 일이 됐다. 책을 쓰려면 먼저 전체적인 그림을 머릿속에 그리는 것이 중요한데 이런 능력이 크게

고전의 바다에서 지혜를 낚는 법

성장한 것이다.

셋째, 번역은 삶에 대한 개방적 태도를 갖게 해주었다. 번역도 해석학의 중요 분야 중 하나인데, 해석학을 인간의 삶에 적용시킨 철학자는 빌헬름 딜타이라는 사람이다. 개인적으로 참 좋아했고, 그의 책도 많이 보았고, 또 그의 책 중에서 해석학과 관련된 부분만 번역해 《체험·표현·이해》라는 책도 냈다. 우리의 삶은 실로 아직 번역되지 않은 미래와 이미 번역된 과거 그리고 한창 번역이 진행 중인 현재로 구성돼 있다. 현재의 삶은 그래서 부분적으로는 밝혀져 있고, 부분적으로는 어둠에 쌓여 있다. 지금까지 살아온 과거와 내가 현시점에서 그리는 먼 미래가 전체를 이루며 지금의 나의 어두운 부분을 풀어갈 수 있는 작은 빛을 밝혀준다. 우리는 그 작은 빛의 도움을 받아가며 우리의 삶을 풀어나간다. 단순히 내 의지나 생각 혹은 결단만으로 내 삶을 만들어갈 수 없다는 통찰은 이런 데서 나온 것 같다. 이런 각성이 아마도 나를 마르틴 하이데거의 《존재와 시간》으로 인도한 것이리라 생각한다. 《존재와 시간》의 문제는 상당히 난해하기 때문에 다음 기회로 미루고자 한다.

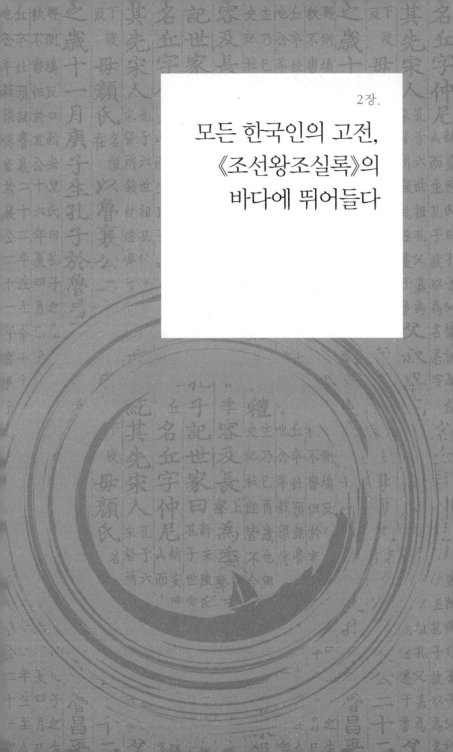

2장.

모든 한국인의 고전,
《조선왕조실록》의
바다에 뛰어들다

독일 연수에서 받은 충격,
기본으로 돌아가라!

대학원 박사과정을 마치고 1990년 12월부터 언론사 생활을 시작해 대부분 그래도 책과 멀지 않은 문화부 기자로 일했다. 그중에서도 학술기자와 출판기자를 주로 했기 때문에 책과 가까이하면서 직업 생활을 한 셈이다.

교수의 꿈을 접고 기자로 살아오면서 딱히 좌절을 한 것은 아니다. 가만히 생각해 보면 교수와 학자는 다르다. 교수는 말 그대로 대학의 직업인으로서 정해진 학생들을 가르치는 사람이라면, 학자는 끊임없이 공부하면서 널리 배우고자 하는 사람들에게 배운 것들을 전해주는 사람이다. 그래서 기자 시절에도 종종 '교수는 못 됐지만 기자도 학자라고 할 수 있으니 열심히 공부해서 많은 독자들에게 도움을 주는 사람이 되자'고 다짐하곤 했다.

그런 다짐이 있었기에 바쁜 기자 생활 속에서도 대략 1년에 한 권쯤은 서양철학의 중요한 책들을 꾸준히 번역했다. 이때 '중요한 책'이란 고전에는 포함되지 못하지만 그래도 초보적인 입문서는 아닌, 그런 성격의 책을 말한다. 그중에는 《여성 철학자》라는 책도 있고, 《해석학이란 무엇인가》라는 책도 있고, 《폭력사회》라는 책도 있다. 가능하면 역사나 사회 분야에서 심도 있는 분석을 한 책들을 펴냄으로써 나도 공부가 되고 우리나라 독자들에게도 수준 높은 지식을 제공하자는 생각에서였다.

그러나 엄격히 말하면 아직 이때까지는 고전 번역은 엄두도 못 내고 있었다. 일반 책과 고전의 번역은 그 들어가는 노력이나 시간이 비교가 되지 않는다. 그리고 지금과 고전 사이의 시간적 거리와 공간적 차이를 메우기 위해서는 엄청난 내공이 쌓여야 한다. 그래야 그 거리와 차이를 뛰어넘어 고전이 우리 문화 속으로 들어오게 할 수 있기 때문이다.

뒤에서 이야기하겠지만 현재 우리나라의 고전 번역 수준은 너무나 보잘것없다. 지금 말한 시간적 거리와 공간적 차이 그리고 문화적 상대성을 충분히 감안한 상세한 주석이 달린 번역이 거의 없다. 대충 원문만 번역해 '고전을 번역했다'는 명성만 가져가고, 정작 그 책은 그 분야를 전공한 사람들조차 읽어내기 어려운 경우가 대부분이다. 단순히 친절하지 못함을 넘어 무책임하다는 비판을 면할 수 없다.

2000년 여름에서 2001년 여름까지 1년 동안 독일 남쪽의 아름다운 도시 뮌헨에서 연수라는 이름으로 생활할 기회를 가졌다. 원래 전공이 독일철학, 그중에서도 마르틴 하이데거의 해석학이었기 때문에 나는 당시 독일에 갈 때 매우 흥분된 상태였다.

이번에 가면 평소 읽지 못했던 철학책들을 '철학의 나라' 독일에서 맘껏 읽고 기자 생활을 할 때 하지 못했던 '철학적 사유'를 원 없이 할 수 있으리라 여겼기 때문이다. 그러나 정작 1년 독일 생활이 나에게 준 충격은 철학이라는 학문의 충격이 아니라 기본이라는 생활의 충격이었다.

독일 사람이라면 대부분 알고 있는 말 한 가지가 있다. 이는 마치 일본 사람이라면 대부분 알고 있는, "남에게 폐 끼치지 말라"는 말과 같은 것이다. 무엇일까? 그것은 "오른쪽은 서고 왼쪽은 간다"는 말이다. 이것이 가장 잘 지켜지는 곳은 바로 유명한 독일의 고속도로 '아우토반'이다. 흔히 우리는 주행선, 추월선으로 부르지만 정작 고속도로를 달려보면 주행과 추월의 원칙이 지켜지는 것을 볼수가 없다. 반면에 지금도 그렇겠지만 20년 전 독일의 아우토반은 마치 매스게임을 하는 듯 주행과 추월의 원칙을 철저하게 지키고 있었다. 그것이 바로 "오른쪽은 서고 왼쪽은 간다"는 기본 원칙이다. 그런데 그것뿐이었다면 아마도 '독일 사람은 교통규칙을 잘 지키는구나!' 정도로 생각하고 말았을 것이다. 그러나 이 말을 독일 친구에게 듣고 나서 다시 그것을 두 눈으로 보게 된 곳이 있었다. 다름 아닌 지하철 에스컬레이터에서였다. 오른쪽에는 모두 서 있고, 먼저 가야할 사람만 왼쪽으로 걸어서 올라가고 있었다.

얼핏 보면 강한 질서 의식과 실천이지만 잘 들여다보면 거기에 자유의 힘이 들어 있다. 갈 사람은 갈 수 있고 머물 사람은 머물러 있을 수 있는 것, 그것이 자유다. 주행과 추월이 뒤엉켜 버리면 속도만 느려지는 것이 아니라 실은 자유가 날아가 버린다. 이것이 독일 생활 1년에서 배운 절실한 교훈이었다.

그 충격은 귀국해서도 머릿속을 떠나지 않았다.

원래 우리 한국 사람들은 기본이 없었던 것일까?

그래서 생각해 보니 일단 20세기 한국인의 힘겨웠던 삶이 떠올랐다. 일본과 제대로 전투 한 번 해보지도 못하고 나라를 잃었다. 전쟁이라도 해서 졌다면 최소한의 자존심을 지킬 수 있었겠지만 내부 분열로 인해 그냥 나라를 잃었다. 이는 당시 우리 조상들의 마음에 깊은 상처를 줬을 것이 분명하다. 일반 백성들은 지도층을 크게 원망했을 것이다. 일제 강점기 35년이 지나고 어렵사리 나라를 되찾았지만 곧바로 분단이 됐고 대한민국이 탄생한 지 2년도 못 돼 6·25전쟁이 일어났다. 그 후 이야기는 대부분 알고 있으니 하지 않겠다.

이제 두 가지 가능성이 떠올랐다. 하나는 원래는 기본이 있었는데 20세기를 겪으며 사라졌을 가능성과 또 하나는 애당초 우리나라 사람은 기본이라는 것과는 거리가 멀었을 가능성이다. 이때 생각한 것이 《조선왕조실록》을 읽어보자는 구상이었다. 그래서 2007년까지 실록을 통독했다. 물론 이때는 한문을 할 줄 몰랐기 때문에 번역된 실록을 읽었다. 기자 생활을 하는 틈틈이 읽어가다 보니 상당히 힘들었지만 실록이 나에게 준 선물은 너무나도 컸다.

제일 큰 선물은 적어도 조선 시대 우리 조상들은 기본을 갖추고 있었다는 점을 확인한 것이다. 특히 조선 초에는 기본뿐만 아니라 활력 또한 컸음을 확인할 수 있었다. 그리고 이런 활력을 앗아간 것이 주자학임을 알게 된 것 또한 나름의 선물이라 할 만하다. 그렇지 않았더라면 공자 본래의 유학과 주자학이 전혀 다른 것임을 제대로 알 수 없었을 것이기 때문이다. 주자학은 왕권보다는 신권을 중시하는 특징을 갖고 있는데, 이는 결국 나라의 분열로 이어지기 때문에 결코 생산적인 사상이라고 할 수 없다. 그것은 주희가 살았던 당시에도 그랬다. 이른바 당쟁이란 주자학 자체에서 의도적으로 만들

고전의 바다에서 지혜를 낚는 법

어낸 것임을 확인하게 된 것이다.

두 번째 선물은 조선에도 참으로 뛰어난 인물들이 많았음을 역사 속 기록을 통해 직접 확인하게 됐다는 점이다. 태조 때는 정도전뿐만 아니라 조준이라는 걸출한 재상이 있었고, 태종 때는 하륜이라는 명재상이 있었으며, 세종 때는 황희 정승이 있었다. 이처럼 세상을 경영할 줄 아는 뛰어난 재상들에 관해 관심을 갖게 해준 것이야말로 실록이 나에게 준 소중한 선물이 아닐 수 없다. 우리 학계는 사실 이런 인물들에 대해서는 별로 관심이 없다. 대부분 이황이나 이이 같은 학자에게만 관심을 갖는다. 그러다 보니 황희 정승에 대해 제대로 그의 경륜을 분석한 책 하나 없는 실정이다.

세 번째 선물은 이런 경륜을 갖춘 재상들을 공부하는 과정에서 《논어》를 비롯한 유학의 고전들이 오늘날 대학에서 가르치는 것과는 달리 매우 현실적이고 살아 있는 사상임을 알게 된 것이다. 앞서 말한 대로 조선 초 우리 조상들이 높은 수준의 기본을 갖출 수 있었던 것도 바로 이런 유학의 고전에 대한 올바른 이해에 바탕을 두고 있음도 알 수 있었다.

다음 세대들에게 우리 동양 고전의 중요성을 일깨우고 설명하고자 하는 이 책은 그래서 바로 이 지점에서 출발하게 될 것이다. 2007년 실록 읽기가 끝나자 곧바로 《논어》 공부에 뛰어들었다. 사실 그때까지만 해도 지금처럼 한문을 익혀 고전 번역가가 되리라고

는 꿈에도 생각지 못했다. 그저 《논어》 하나만이라도 제대로 이해
해 보자는 소박한 꿈이 전부였다고 할 수 있다. 참으로 자신의 미래
는 알 수 없는 일이다.

고전의 바다에서 지혜를 낚는 법

실록 읽기의
어려움과 보람

처음에는 실록 완독이 목표가 아니었다. 공부라는 게 처음부터 계획을 세워서 하는 것은 아닌 듯하다. 2001년 겨울 《세종실록》부터 읽기 시작했다. 조선 임금 20여 명 중에 가장 궁금한 인물이 세종이었기 때문이다. 발상은 간단했다.

모두 위대하다고만 하지 어떻게 해서 그런 성군의 경지에 이를 수 있었는지는 아무도 탐구하지 않는구나!

이승만 때와 문제의식은 같았다. 이승만 탐구 때 미뤄뒀던 한학,

특히 동양의 정신세계 속으로 들어갈 수 있다는 점에서 두 가지 목표를 동시에 이룰 수 있을 것도 같았다. 이승만과 세종의 정신적 밑바탕을 동시에 탐구하는 일 말이다.

두려움 반 설렘 반으로 시작한 《세종실록》 읽기는 어려움과 좌절의 연속이었다. 철학 쪽은 조금 공부를 했어도 역사, 그중에서 조선 역사에 대한 앎의 깊이가 너무도 부족했던 것이다. 사헌부와 사간원의 차이도 모르면서 아무런 설명도 없이 연대기처럼 짤막하게 기록된 역사 자료를 읽어나가는 일이란 참으로 무미건조했다. 마치 사막을 홀로 걷는 기분이었다.

사실 여러분도 어느 분야건 관계없이 고전에 도전하다 보면 이런 심정에 놓일 가능성이 크다. 그러나 이때 멈추면 안 된다. 어느 방향으로건 일단은 끝까지 가야 한다. 그러면 어렴풋하게나마 윤곽이 나타난다. 사실 윤곽만 잡히면 속을 채워나가는 것은 오히려 쉽다. 그 윤곽이 드러날 때까지 부지런히 가고 또 가야 하는 것이 고전 읽기의 힘듦이자 실은 보람이다. 우리의 정신적 근육은 그 같은 부지런함을 통해서만 길러지기 때문이다.

알건 모르건 계속 역사 사전 등을 참고해 가며 읽었다. 재위 기간이 32년이나 되니 분량도 엄청났다. 물론 그때는 한문을 거의 못할 때라 번역문으로 읽었다. 그러니 더 내용을 정확히 파악하지 못했을 것이다. 그러나 읽고 또 읽고 6차례에 걸쳐 읽고 나니 비로소

고전의 바다에서 지혜를 낚는 법

윤곽이 잡혔다.

그래서 세종에 관한 책을 정리하려 했더니 새로운 문제가 발생했다. 세종 시대란 사실상 태종 시대의 산물이다. 즉 태종 시대를 모르고서는 세종 시대에 일어난 일의 의미를 정확히 파악하기란 사실상 불가능했다. 그래서 일단 책 집필은 유보하고《태종실록》으로 거슬러 올라갔다. 흥미로운 것은 이미《세종실록》을 6차례 반복한 때문인지《태종실록》은 2차례만 반복해도 윤곽이 잡혔다. 이것이 바로 앞서 말한 정신적 근육이다. 이런 근육이 생겨나니 뒤에는 대부분 2차례만 읽어도 윤곽을 잡고 책을 써 내려갈 수 있었다. 그렇게 해서 2007년에 6권으로 완성된 것이《이한우의 군주열전》이다.

돌아보면 참으로 어려웠던 시간이지만 그 시간을 보내고 나자 내가 쓸 수 있는 글의 주제가 말할 수 없이 확장됐다. 사실 이는 의도했던 바가 아니다. 전혀 기대치 못했던 성과였다. 고전이 우리에게 주는 선물은 대개 이런 식이다. 고전 읽기를 시작할 때는 생각지도 못했던 선물을 주는 것이다. 내가 7년간의 실록 대장정을 마치고 나자 여기저기서 소감을 물어왔다. 그때마다 나는 이렇게 말해주었다.

실록과 관련된 강연을 할 때면 나는 실록 읽기 7년을 백두대간 종주에 비유하곤 한다. 실제로 실록을 읽다 보면 큰 봉우리와 깊은 계곡도 만나고 때로는 가볍게 오를 수 있는 구릉과 눈부시게 아름다운 비경을 만나기도 한다. 실록은 27개의 거대한 산(임금)이 연이어져 있다는 점에서 분명 하나의 산이나 산맥보다는 백두대간에 더 가깝다. 그리고 백두대간이 공간적으로 한반도의 중추이듯이 《조선왕조실록》은 우리 2,000년 역사의 중추다. 역사학자들이 그중의 한 산을 선택해 깊이 파고든다면, 나는 저널리스트로서 전체적인 윤곽에 더 관심이 많았다. 앞서 언급한 대로 대학 시절의 나에게 역사, 그중에서도 우리 역사는 꺼려지는 대상일 뿐이었다. 서양철학이나 서양의 역사철학에 더 많은 관심을 쏟은 것도 어쩌면 우리 역사나 조상들에게서는 그다지 배울 것이 없으리라는 편견 내지 반발심 때문이었을 것이다.

언론사 생활을 하면서 우연한 기회에 역사 쪽에 관심을 갖게 되었고 현대사뿐만 아니라 조선 시대 500년을 통관(通觀)하는 체험을 하게 되었다. 예전에 책이나 학자들에게서 보고 배웠던 것들 중에서 실상과 다른 것들도 많았다. 실은 그보다는 당연히 알려져야 할 것들 중 너무나 많은 사람과 사건들이 제대로 주목을 받지 못한 채 내팽개쳐져 있다는 것을 알고서 더 가슴이 아팠다. 알려져야 할 것들이 묻혀 있게 되면 우리 역사는 빈곤할 수밖에 없기 때문이다. 조선 시대 역사 자체가 빈곤했던 것이 아니라, 그것을 끊임없이 자기 것으로 만들어야 하는 우리 후손들의 역사의식이 빈곤했던 것은

고전의 바다에서 지혜를 낚는 법

아닌가 하는 반성을 하게 됐다.

조선은 우리가 생각하듯 그렇게 빈곤하고 유약하기만 했던 나라가 아니다. 주어진 여건하에서 나름대로 최선을 다해 지혜를 모으며 난관들을 돌파해 500년에 이른 나라이다. 그런 모습에 대해서는 사람에 따라 만족, 불만족이 있을 수 있다. 한쪽에서는 500년이 갔을 때는 뭔가 숨은 힘이 있지 않았겠느냐고 하고, 다른 한쪽에서는 200년쯤 되었을 때 망했어야 새로운 나라가 탄생해 일본의 침략도 받지 않았을 것이라고 비판하기도 한다. 양쪽 견해 모두 충분히 존중받아야 한다. 다만 만족, 불만족에 앞서 과연 우리는 조선 500년의 실상을 충분히 알고서 만족이나 불만족을 표명하는지를 되물어 볼 필요가 있다. 어떤 사안이나 인물에 대해 충분한 탐구도 해보지 않고 서둘러 판단을 내리려는 조급함, 여기서 한국 사람들의 일반적인 특징을 보게 된다. 그러나 적어도 조선 시대 사람들은 그보다는 훨씬 수준이 높았다. 어떤 사안에 대해서는 반드시 선후(先後) 본말(本末)을 따져가며 접근했고, 사람을 평할 때도 인간의 양면성을 반드시 고려했다. 조선 사람들이 한국 사람들보다 뛰어난 면모라 할 수 있다.

나의 경우에는 조선이 강국은 아니었지만 그렇다고 마냥 약소국이었다고 보지는 않는다. 자랑스러운 면도 많고 자괴감이 드는 면도 많은, 그러나 나로서는 있는 그대로 받아들이지 않을 수 없는 역사 속의 나라가 조선이다. 조선은 우리에게 뛰어난 교사이면서 동시에 부끄러운 반면교사이다. 조선으로부터 배워야 할 것은 배우고 배워서는 안 될 것은 배우지 않는 지혜는 온전히 우리 몫이다.

어휘 풀이

통관(通觀) 전체를 통하여 내다봄. 또는 전체에 걸쳐서 한 번 훑어봄.
선후(先後) 먼저와 나중을 아울러 이르는 말.
본말(本末) 사물이나 일의 중요한 부분과 중요하지 않은 부분.
반면교사(反面敎師) 사람이나 사물 따위의 부정적인 면에서 얻는 깨달음이나 가르침을 주는 대상을 이르는 말.

새로운 관점의 획득
세종을 보는 눈

아래는 실록 읽기 작업이 끝나고 나서 세종에 대해 쓴 글이다. 기존의 이런저런 연구를 벗어나 내 눈으로 수없이 확인하고 글을 쓰기 시작하니 글에도 생명력이 살아나고 있었다. 글쓰기를 직업으로 하는 사람에게 40대 중반에 찾아온 글쓰기의 새로운 원동력으로 삶에도 큰 에너지를 주었다. 당시 실록 읽기 작업이 끝나고 얼마 되지 않았을 때 썼던 '세종의 인재 경영'에 관한 글이다. 조금 길기는 하지만 고전을 읽은 후 나의 글쓰기가 어떻게 달라졌는지도 볼 수 있다는 점에서 일독을 권한다.

1. 세종의 인재 경영의 출발점은 자기 경영이다

세종의 성공적인 자기 경영은 우리의 정치 문화가 어떠해야 하는지를 돌아보는 데 적지 않은 시사점을 던져준다. 흔히 '지도자는 자신이 비록 뛰어나지 않아도 사람을 두루 잘 쓰면 된다'는 말을 한다. 그러나 필자는 이 말에 동의하지 않는다. 뛰어나다는 말이 여러 가지 의미를 갖겠지만 적어도 리더십을 이야기할 때는 '사람을 두루 잘 쓰는 지도자가 바로 뛰어난 지도자'이기 때문이다.

물론 학력이나 학식의 많고 적음이 뛰어남의 척도가 되는 것은 아니다. 세종의 경우는 지적 능력, 학식, 집념 등이 종합된 최고의 지도자였다. 게다가 관용하고 자제하는 덕성까지 갖췄다. 그것은 타고난 자질 못지않게, 아니 그 이상으로 부단한 절차탁마의 과정을 통해 이뤄진 것이다. 그것을 자기 경영이라고 부르고자 한다.

이처럼 철저한 자기 경영이 없었다면 세종 시대의 눈부신 업적들도 이뤄지지 않았을 가능성이 높다. 따라서 세종의 인재 경영을 살피려면 그 출발점은 자연스레 세종의 자기 경영이 되어야 한다.

1) 초인적인 인내심 : 멸사봉공

태종이 조선의 먼 미래를 생각하며 오랜 고민 끝에 패덕한 세

고전의 바다에서 지혜를 낚는 법

자 양녕을 폐하고 셋째 아들인 충녕을 세자로 명하면서 이렇게 말했다.

충녕대군은 천성이 총명하고 민첩하고 자못 학문을 좋아하여 추운 때나 더운 때에도 밤새 글을 읽어 나는 그 아이가 병이 날까 두려워하여 항상 밤에 글을 읽는 것을 금하였다. 그런데도 나의 큰 책은 모두 청하여 가져갔다. 또 정치의 요체를 알아서 늘 큰일에 헌의하는 것이 진실로 합당하고, 또 그것은 일반 사람들은 생각지도 못할 수준이었다.

이렇게 해서 1418년(태종 18년) 왕위에 올랐을 때 세종의 나이 24세였다. 그러나 태종은 상왕으로 물러앉아 "군국의 큰일은 내가 친히 청단할 것"이라며 세종이 왕위에 무사히 안착할 때까지의 과도기를 관리하겠다고 나섰다. 어찌 보면 그것이 세습 군주 국가에서는 가장 바람직한 왕위 계승 과정인지도 모른다. 이 점을 긍정적으로 생각했기 때문에 세종도 훗날 세자 문종으로 하여금 대리청정의 기간을 거치게 한다.

그러나 태종은 이미 아들 세종의 평탄한 왕위를 위해 거대한 음모를 꾸미고 있었다. 사실 양녕이 세자였을 때 훗날 양녕대군이 왕위에 오를 경우 왕권을 위협할 수 있다는 이유로 처남들인 민무구

4형제를 모두 제거한 태종이었다. 이제 충녕이 왕위에 올랐다. 태종은 고민에 고민을 거듭했다. 그리고 세종의 장인 심온을 비롯해 처갓집을 몰살시키다시피 했다.

그 같은 움직임이 있다는 것을 어린 국왕 세종도 알고 있었다. 그러나 그에 관해 이렇다 할 반응을 보이지 않았다. 아마도 상왕의 기세 앞에서 한마디 할 수 없다는 것을 스스로도 알고 있었기 때문이기도 했지만 아버지의 뜻이 무엇인지도 깊이 헤아려 알고 있었다. 외삼촌들을 죽인 아버지의 뜻, 그것은 한 인간으로서는 쉽지 않은 멸사봉공(滅私奉公)의 결단이었음을 세종은 분명하게 인식하고 있었다. 자신의 장인 심온의 경우도 그런 맥락에서 이해했다. 그럼에도 불구하고 한 인간으로서는 그것을 참아낸다는 것이 쉽지 않다. 여기서 세종의 초인적인 인내심을 보게 된다. 이런 초인적인 인내심은 자신의 세자 책봉을 반대하다가 유배를 갔던 황희를 자기 시대 최고의 정승으로 키워내는 데서 긍정적으로 발휘되기도 했다.

2) 신하들을 능가하는 학식

세종은 무엇보다 아버지 태종으로부터 학식을 인정받아 형 양녕을 제치고 왕위에 오를 수 있었다. 더불어 뛰어난 효심과 형제애도 그가 왕위에 오르는 큰 힘이 됐다.

문제는 그의 학식이 신하들을 제압할 수준에 있지는 않았다는 데 있었다. 4년간의 견습왕 기간을 지나 28살이 됐지만 여전히 신하들을 학문적으로 제압하는 것은 요원했다. 이 점을 극복하기 위해 세종은 누구보다 경연에 열심이었다. 그래서 대략 30살 전후가 되면 학문적으로 신하들과 대등한 토론을 하거나 때로는 제압할 수 있는 수준에 이른다.

세종 7년 11월 29일의 실록을 보자. 당시 세종은 통치자로서 고금의 치란(治亂)을 배우고자 역사서를 공부하려 했다. 그래서 집현전 선비들에게 각종 역사서를 나눠준 다음 자신의 자문에 대비할 것을 명했다. 그런데 학식이 뛰어났던 윤회가 반대하고 나섰다. "경학이 우선이고 사학은 그다음"이라는 것이 반대의 이유였다.

평소 겸손한 태도를 잃지 않았던 세종은 대제학 윤회의 이 같은 반대를 정면으로 반박한다. 자신이 경연에서《좌전》,《사기》,《한서》,《자치통감 강목》,《송감》 등에 기록된 옛일을 물었더니 제대로 아는 신하가 하나도 없었다는 것이다. 그래서 각자에게 책을 나눠줘서 자세히 읽도록 한 것일 뿐이라는 것이다. 동시에 세종은 "지금의 선비들은 말로는 경학을 한다고 하면서도 이치를 궁극적으로 밝히고 마음을 바르게 하는 인사가 있다는 것을 아직 듣지 못하였다"고 말한다.

여기서 주목해야 할 것은 세종의 학문관 내지는 독서관이다. 그는 철저하게 임금으로서, 즉 현실 정치가로서의 학문과 독서에 관심을 가졌다. 그는 박학다식(博學多識)으로 신하들을 제압하려 하지 않았다. 다독(多讀)보다는 정독(精讀)을 중시했던 것도 같은 맥락이다. 개인적으로는 풍수나 불교에도 깊이 관심을 갖고 있었지만 적어도 현실 통치의 맥락에서는 철저하게 경서와 사서를 양대 축으로 했다. 세종의 이 같은 학문관은 비교적 일찍 형성되었다. 이미 세종 5년 9월 7일 경연에서 "나는 제자백가의 글은 보고 싶지 않고 다만 사서오경과 《통감강목》을 돌려가면서 강독하고자 한다"고 말한다. 즉 경(經)과 사(史), 철학과 역사, 이론과 실천을 하나로 통합해서 이해하는 학문관을 갖고 있었고 균형 잡힌 세계관을 추구하려 했다.

세종이 양자의 변증법적 종합을 할 수 있었던 기반은 철저하게 실용(實用)이었다. 그는 세종 7년 12월 8일 의정부와 육조 신하들과 정사를 논하던 중 이런 말을 한다. "경서를 깊이 연구하는 것은 실용하기 위한 것이다. 바야흐로 경서와 사기를 깊이 연구하여 다스리는 도리를 차례로 살펴보면 그것이 보여주는 나라 다스리는 일은 손바닥을 뒤집는 것과 같이 쉽다. 그러나 실지의 일에 당면하면 어찌할 바를 모를 것이 있는 것이다. 내가 비록 경서와 사서를 널리 찾아 읽었으나 아직도 능하지 못하니 이와 무엇이 다르겠는가?"

세종은 학문을 현실에 이르는 길잡이로 생각하고 있었다. 동시

고전의 바다에서 지혜를 낚는 법

에 학문의 한계에 대해서도 점차 인식해 간 것으로 보인다.

3) 문제의 본질에 이르는 열린 태도

세종은 교조적인 성리학 신봉자가 아니었다. 그는 유학뿐만 아니라 불교, 풍수, 도교의 책까지 두루 섭렵했다. 기본적으로 개방적인 학문관의 소유자였다. 그러나 국가 통치라는 점에서 유교를 중심에 둬야 한다는 생각은 단 한 번도 변치 않았다. 학문적 수준이 하루가 다르게 높아가던 세종 15년 7월 7일 세종은 태종과 원경왕후를 모신 헌릉의 풍수 문제와 관련해 승정원에 다음과 같은 지시를 내린다. 먼저 유학에 경도된 신하들의 풍수에 대한 거부감을 의식한 듯 이렇게 말한다.

역대의 거룩한 임금은 통하지 않음이 없었다. 그러므로 천문 지리까지도 이치를 모르는 것이 없었고, 설사 뛰어나지 못한 임금이 천문 지리의 이치를 몸소 알지는 못하더라도 아래에서 그 직무를 받들어 시대마다 각각 인재가 있었으니 진나라의 곽박과 원나라의 순신이 그러했고, 우리나라도 도읍을 건설하고 능 자리를 정하는 데에 모두 풍수 전문가의 말을 채용해 왔다.

고금의 사례를 들어 예상되는 신하들의 반박을 미리 차단한 것이다. 이어 다음과 같이 말한다.

지금 헌릉 내맥의 길 막는 일에서 이양달과 최양선 등이 각기 제가 옳다고 고집하여 방안을 정하지 못하고 나도 역시 그런 이치를 알지 못하기 때문에 그 옳고 그름을 결단하지 못하겠다. 장차 집현전의 유신들을 데리고 이양달과 함께 날마다 그 이치를 강론하겠으니 지리에 밝은 자를 널리 선택하여 보고하게 하라.

신하들은 거세게 반발했다. 경연이란 어떻게 보면 신하들이 유학의 세계관을 임금에게 '주입'하는 자리였다. 그런데 그 자리에서 풍수를 논의하겠다는 것은 유학으로 무장한 신하들로서는 도저히 받아들일 수 없는 요구였다. 그것도 유학의 싱크탱크인 집현전 유신들로 하여금 풍수를 강론하라니! 그러나 세종은 전혀 개의치 않고 "이단이라도 그 근원을 캐봐야겠다"며 강력한 의지를 보이며 끝내 자신의 구상을 관철시켰다.

특히 7월 26일 사헌부에서 상소를 올려 "지리의 술법은 요사하고 궁벽하며 지루하고 망령된 것이어서 유학의 경전에는 보이지 아니하고 유식한 선비들은 모두 말하기를 부끄러워합니다"라며 경연에서 집현전 학사들을 데리고 풍수를 논하는 일을 중단해 줄 것을 요청했다. 그에 대한 세종의 답변은 명쾌했다.

내가 만일 집현전에서 풍수학을 강습하도록 했다면 그르다 할 것
이다. 그런데 풍수학이 옳은지 그른지를 규명하라고 했을 뿐인데
그것이 어찌 유자(儒者)의 분수를 넘어서는 말인가?

'자본론'을 기독교적 시각에서 규명한다고 해서 마르크스주의
자가 되는 것은 아니고, '성경'을 마르크스주의적 입장에서 해명한
다고 해서 기독교 신자가 아닌 것과 같은 맥락의 반박이었다. 세종
은 사안의 핵심, 문제의 본질에 이르기 위해서라면 다양한 방법을
동원하는 데 대해 추호의 편견이나 거부감도 갖지 않았다. 그것은
자연스레 그가 일을 하는 태도에도 적용된다.

2. 세종의 인재 양성 및 관리

세종은 어떤 인재들을 뽑아서 어떻게 키우고 어떤 자리에 쓸 것
인지에 대해 하나의 전범(典範)을 제시한 조선 국왕이다. 인재의 선
발 기준, 인재 양성의 철학, 인재 활용의 원칙은 세종의 인재 경영
을 살펴보는 3대 핵심 준거라고 할 수 있다. 특히 세종의 이 같은
인재 경영 노하우는 인재난에 시달리고 있는 정부나 기업에서 벤치

마킹의 대상으로 삼아도 좋을 만큼 뛰어나다.

물론 인재 경영에서 가장 중요한 것은 리더의 비전이다. 어떤 나라를 만들 것인가에 관한 비전이 없다면 어떤 인재를 길러야 할 것인가에 관한 구체적인 방법도 나올 수 없다. 그저 아부 아첨하는 무리들과 함께 국정을 썩게 만들 뿐이다.

다행히 세종은 일찍부터 조선을 어떤 나라로 만들어야겠다는 확고한 비전을 갖고 있었다. 세종 4년 5월 10일 아버지 태종이 세상을 떠나고 홀로서기에 고심하고 있던 세종은 세종 4년 10월 29일 주자소에서 새롭게 활자를 만들어낸 것을 치하하며 이런 말을 한다. 거기에 세종의 꿈, 문치(文治)가 고스란히 드러난다.

이번에 새롭게 활자를 만듦으로써 앞으로 인쇄하지 못할 글이 없으니 배우지 못할 사람도 없을 것이다. 문교(文敎)의 번성은 앞으로 더욱 크게 일어날 것이고 세상에는 도리의 지배가 더욱 커질 것이다. 저 한나라와 당나라의 임금들은 재리(財利)와 병혁(兵革)에만 정신을 쏟아 그것만을 국가의 급선무로 삼았지만 우리는 다르다. 저들과 우리는 하늘과 땅의 차이로 우리 조선 만세에 한없는 복이다.

세종이 품었던 웅대한 비전, 그것은 문치의 나라 조선이었다.

1) 어떤 인재를 고를 것인가?

인재의 선발과 관련해 세종은 고민이 깊었다. 당시 쟁점은 강경(講經)을 위주로 할 것인가, 제술(製述)을 위주로 할 것인가였다. 일장일단이 있었다. 강경은 문과 응시자들에게 사서삼경의 이해 수준을 탐문하는 것으로 유학자로서의 기본을 확인할 수 있는 장점이 있는 반면 심사위원의 주관이나 사정(私情)이 개입될 가능성이 높았다. 반면에 제술은 공정성은 어느 정도 보장되지만 얄팍한 글재주만으로도 통과될 수 있다는 점에서 자질이 뛰어난 인재를 뽑는 데 한계가 있었다.

태종 때도 이 문제는 늘 골칫거리였다. 원래 태조 때 정도전이 강경을 위주로 하는 원칙을 세웠으나 태종 때 권근이 "어찌 시험 보는 자의 얼굴을 쳐다보면서 공정하게 사람을 뽑을 수 있겠느냐"며 답안지를 누가 썼는지 알 수 없게 봉인하고 글씨체도 필사를 전문으로 하는 사람이 다시 베껴 쓰게 하여 공정성이 보장되는 제술로 바꿔야 한다고 강력하게 주장해 제술을 채택했다. 그러나 태종의 총애를 받던 박은이 다시 뛰어난 인재의 부족을 역설하며 강경을 위주로 하는 법이 채택되었다. 박은은 집현전 설립의 아이디어를 내놓은 장본인이다.

따라서 세종이 즉위했을 때도 과거에는 강경이 시행되고 있었다. 세종은 즉위한 그해 12월 변계량을 비롯한 신하들과 함께 과거 제도의 여러 가지 문제점을 점검하는 가운데 이 문제도 제기된다. 변계량은 권근과 같은 이유를 내세워 강경을 폐지하고 제술로 바꿀 것을 주장한다. 반면 다른 신하들은 시험을 주관하는 사람이 사심만 없다면 강경을 통해 선비를 뽑는 게 훨씬 효과적이라고 반박한다. 사실 세종은 처음부터 줄곧 뛰어난 인재냐 공정한 선발이냐 사이에서 갈등을 했고, 이런 갈등은 집권 중반기까지 계속된다. 공정하면서도 뛰어난 인재 선발을 위한 묘책을 세종도 찾아내지 못했다는 뜻이기도 하다.

변계량의 반복적인 건의도 있고 시험의 공정성을 높여야 한다는 생각에서 세종은 세종 10년 강경을 버리고 제술을 채택한다. 당시 "사람 뽑는 데 관한 한 양촌(권근)만 한 사람이 없다"는 세종의 판단도 크게 작용했다. 그 후 세종 12년 10월 25일 의례상정소에서 강경과 제술을 번갈아 시행하는 것이 어떻겠냐는 건의를 올리자 세종은 단호하게 말한다.

강경은 대면하여 사정(私情)을 쓰는 폐단이 있다. 그러므로 옛적에 권근은 '이것이 좋지 못하다' 하였고, 근년에 변계량도 좋지 못하였다고 말하였는데, 다만 박은이 강력히 태종께 말씀을 드리어 마침내 강경하는 법을 실시하였던 것이다. 그러나 내 생각에 제술로 할

때에도 사정을 쓸 수 있다고 염려하여, 봉미(封彌) 역서(易書)하게
하여 협잡을 방지하였는데, 더구나 면대하여 강설(講說)한다면 공
정하지 못한 폐단이 어떻게 없을 수 있겠는가.

사실 세종은 변계량의 건의를 받아 막상 세종 10년부터 제술을
실시했지만 곧바로 폐단이 나타나는 것을 보고 고민을 하기 시작
했다. 공정성은 어느 정도 확보되었으나 과거 응시생들이 학문 연
마보다는 시험 기술에만 전념했던 것이다. 게다가 이번에는 태종이
세종에게 "나의 주석 같은 신하"라고 추천했던 원로 중추원 판사 허
조가 지속적으로 강경으로 돌아갈 것을 권유했다.

결국 세종 19년 9월 3일 신하들과의 격론 끝에 세종이 양자의
장점만을 취하는 절충안을 내놓았다. 일단 제술로 뽑은 다음 자신
이 직접 강경을 심사해 부적격자는 떨어트리겠다는 것이었다. 이에
신하들이 "전하의 건강에 안 좋은 영향을 미칠까 걱정됩니다"고 답
하자 세종은 "좋은 인재를 뽑으려는 것인데 무엇이 피로하겠느냐?
하루 동안 한정할 것이 아니라 5, 6일이라도 무방할 것이다"고 답한
다. 뛰어난 인재를 고르기 위한 세종의 집념을 고스란히 느낄 수 있
는 언급이다. 그리고 세종 26년 다시 과거에서의 인재 선발법은 강
경으로 돌아간다. 우선 그때가 되면 세종의 건강이 뒷받침되지 않
았고 심사의 공정을 기할 만큼 뛰어난 인재들이 조정에 충분히 포

진된 데다가 우수한 인재 선발과 학문 진흥에는 강경이 효과적이라고 판단했기 때문이다.

2) 어떻게 인재들을 키울 것인가?

집현전과 사가독서 등 제도를 통한 인재 양성

태종은 세종에게 왕위를 물려주면서 자기 사람은 쓰지 말고 새롭게 인물을 뽑아서 쓰라고 했다. 그러나 세종은 아버지 때의 인물들을 거의 그대로 중용했다. 실은 자기 사람이 아직 형성돼 있지 않았다. 세자라도 했으면 모르지만 불시에 세자가 되었다가 왕위에 올랐기 때문에 애당초 자기 사람이라는 게 있을 수 없었다.

세종은 생각했을 것이다. 어차피 지금 젊은 문신들 중에서 자기 사람을 키워가자면 적어도 10년 이상의 세월이 걸린다. 또 그때쯤이면 현재의 노신(老臣)들은 죽거나 자리에서 물러날 것이다. 그래서인지 세종은 서둘러 자기 사람을 만들려 하지 않고 10년 정도는 아버지의 신하들과 함께 정치를 풀어나갔다. 그 과정에서 아마도 세종은 일찍이 '경륜(經綸)'의 중요성을 깨달았을 것으로 보인다.

다행히 태종의 핵심 측근이었던 고 박은이 '집현전 설립' 구상을 해주었다. 세종 1년 2월의 일이다. 그런데 이런저런 문제로 집현전 설립이 속도를 내지 못하고 지지부진하자 그해 12월 세종은 이

례적으로 화까지 내며 "일찍이 집현전을 설치하려는 의논이 있었는데 어찌하여 다시 아뢰지 않는가?"라며 젊은 문신 10명을 뽑아 매일 경사를 강론케 하도록 지시를 내린다.

이후 집현전에 대한 세종의 지원은 아는 바와 같이 전폭적이었다. 처음에는 10명이던 집현전 관원을 세종 4년 10월 15명으로 늘렸고 그들이 공부에만 집중할 수 있도록 지원 인력과 노비까지 배치해 주었다.

그러나 집현전 설치만으로 인재에 대한 세종의 갈증은 풀어지지 않았다. 세종이 원했던 미래의 인재상은 자신의 문치국가 비전을 공유할 수 있도록 경사에 대한 기본 지식을 갖추고 치밀한 실무 능력을 겸비한 인재였다. 세종 8년이면 집현전도 6년이 되어갈 때다. 집현전에서 두각을 나타내는 몇몇 관원들을 불러 이런저런 문제점을 들어본 후에 1년 동안 독서에만 전념할 수 있도록 '안식년 휴가'를 준다. 이후 몇 차례 더 사가독서(賜暇讀書)가 시행되는데 신숙주와 성삼문도 이런 혜택을 입는다.

집현전은 분명 엘리트 교육의 산실이었다. 그러나 만일 최고의 학문 수련을 제공한 다음 방치해 버렸다면 아마도 관리 사회에 '집현전파'라는 특수 파벌 집단으로 나아갔을지 모른다. 세종은 이 점을 근원적으로 차단했다. 그 방법은 '일'이었다. 집현전 관원들은 설립 초부터 사마광의 《자치통감》과 이를 성리학의 이념에 따라 재구성한 주희의 《자치통감 강목》을 치밀하게 연구해야 했다. 즉위 초부터 세종 자신이 두 책을 연구하다시피 하며 읽었기 때문에 자세한 자문에도 즉각 응할 수 있어야 하기 때문이었다.

젊은 임금과 젊은 신하들이 함께 방대한 중국 역사서를 샅샅이 강독했다는 것이 갖는 의미는 대단히 컸다. 우선 역사서를 함께 읽는다는 것 자체가 통치의 준비이자 그 자체가 하나의 일이었다. 세종은 자신이 직접 역사서 강독을 진두지휘함으로써 자연스럽게 자신의 통치 비전을 신하들에게 전할 수 있었고 또 바람직한 정치의 모습을 공유할 수 있었다.

특히 세종은 자신의 편전인 '사정전(思政殿)'에서 집현전 관원들과 함께 사마광의 《자치통감》을 상세하게 해설하는 훈의(訓義) 작업을 진두지휘했다. 초교가 완성될 때마다 세종이 직접 한 자 한 자 살핀 다음 재가가 나면 다음 단계로 넘어가는 식이었다. 대충대충 한다는 것은 있을 수 없었고 일을 치밀하게 하지 못하는 신하들은 그 과정에서 탈락했다. 훗날 세종이 길러낸 정인지, 신숙주, 성삼문, 김종서 등이 정치적 기질의 차이에도 불구하고 치밀한 업무 추진력을 공유하게 된 것은 세종으로부터 받은 철저한 훈련 덕분이었다. 이후 주희의 《자치통감 강목》에 대한 훈의 작업도 마무리한다.

이렇게 해서 세종 18년 6월 집현전에서는 "현재 관원이 32명에 이르고 있으니 너무 많고 더욱이 '훈의' 작업이 마무리됐으니 줄여

고전의 바다에서 지혜를 낚는 법

야 할 것"이라고 건의해 20명으로 축소된다. 사실 이때도 세종은 집현전 건의를 열흘 이상 동안 미뤄둔다. 집현전을 축소하고 싶지 않았던 것이다. 그러나 당시에는 마땅한 연구 과제가 없었기 때문에 집현전 건의를 받아들인다.

현장주의를 통한 실무 능력 배양

세종은 명나라에 대한 지성사대(至誠事大)의 입장을 견지했다. 그것이 당시로서는 세계 문명의 표준을 받아들이는 것이라고 확신했기 때문이다. 특히 세종 때는 건국 초기였기 때문에 무엇보다 명나라와의 외교 관계가 중요했다.

그런데 조선 시대 때 한어를 하는 역관은 중인 신분이었다. 세종이 보기에 대명 외교라는 중대한 업무를 학문적 배경이 없는 역관이 담당한다는 것에 의문을 품었다. 그래서 키워내는 인물이 김하와 이변이다.

김하는 세종 5년 문과에 급제했다. 따라서 세종이 자기 사람을 어떻게 키워갔는지를 살피는 데 있어 아주 적절하다. 2년 후 세종은 이조판서 허조와 외교 문서를 관장할 만한 인물로 김하가 적절하니 중국어와 이문을 습득하도록 할 것을 명한다. 세종은 한 번 지시하면 반드시 점검을 하는 스타일이었다. 세종 13년 1월 11일 세종은 우의정 맹사성 등을 불러 호통을 친다.

승문원의 관리를 나이 젊고 총명 민첩한 자를 택하여 중국어를 습득하게 하였으나 큰 성과를 이루었다는 말을 듣지 못하였으니 그 이유가 무엇인가? 혹시 잠시 임명하였다가 곧 자리를 바꿔 그 학업에 전념하지 못한 소치로 그런 것이 아닌가?

그때 신하들의 답변 중에 이런 대목이 나온다. "이세형, 이변, 김하, 김퇴지 등은 부지런히 이문을 공부한 자라서 꽤 중국어를 알고 있사오니 모름지기 본원에 출입하게 하여 그 업에 더욱 정통하게 할 것입니다." 여기서도 김하와 이변의 이름이 언급되고 있다.

세종 16년 이조정랑이던 김하는 승문원 첨지사 이변과 함께 세종의 밀명을 받고 태조 때 설장수가 쓴 중국어 학습서 《직해 소학》의 의문점들을 밝히기 위해 요동의 언어학자들을 찾아간다. 그때는 세종이 막 훈민정음 창제를 염두에 두고 언어학 공부를 시작할 무렵이었다.

이듬해 김하가 형조판서를 지낸 부친의 상을 당해 3년상을 지내야 했는데 세종이 기복(起復)시켜 이문을 가르치는 일을 맡겼다. 여간 중대한 일이 아니면 3년상을 중단하고 기복하는 일은 별로 없었다. 신하들이 문제점을 지적하자 세종은 아주 의미심장하게 말한다. "김하는 장차 국가의 중대한 일을 맡을 것이니 그로 하여금 기복하게 한 것이다."

고전의 바다에서 지혜를 낚는 법

세종은 일 중심의 사고를 하는 리더였다. 세종 21년 9월 김하가 부친상 중에 기생과 관계를 가져 아이를 낳은 사실이 뒤늦게 밝혀져 조정이 이 일로 대단히 시끄러웠다. 그러나 세종은 "요동 가는 길은 영화로운 것이 아니라 힘들고 어려운 일"이라며 한사코 김하를 감싸주었다. 김하는 외교 업무 외에 언어학 이론을 수입하고 동시에 세종이 필요로 하는 책을 계속 수입하는 비밀 업무를 맡았다. 적절한 보상도 뒤따랐다. 종부시 판사, 중추원 첨지사(정3품 당상관) 등의 벼슬이 주어졌다. 훗날 세조가 즉위했을 때 외교 업무를 담당하는 예조판서에 오르는데 신하들이 행실의 문제점을 들어 김하를 비판하자 세조는 이렇게 반박했다.

김하의 죄는 세종께서 특별히 논하지 말라고 명하셨다.

이후 김하는 명나라에 가서 세조 즉위의 승인을 얻어내는 주문사의 임무를 성공적으로 수행하게 된다. 이순신 장군의 5대조이기도 한 이변도 세종 1년 문과에 급제해 김하와 비슷한 길을 걸어 마침내 단종 1년 형조판서에까지 이르게 된다.

당시 역관 교육과 관련해 결국 명나라의 반대로 실행에 옮기지는 못했지만 젊은 문신들을 1년 동안 요동에 살게 하면서 중국어를 익히도록 하는 프로그램을 추진하기도 했다. 오늘날로 치자면 현지

어학연수였던 셈이다.

이처럼 현장을 통해 그 분야에 적절한 인재를 키워내려 했던 세종의 노력은 비단 외교 분야뿐만 아니라 국방의 김종서, 과학기술의 장영실, 문화의 박연 등 거의 모든 분야의 인재 양성 과정에서 일관되게 나타났다.

적재적소에 기용하다

세종의 인사 원칙 중에서 가장 두드러진 특징은 바로 이 적재적소의 원칙이다. 그리고 일단 신임을 해서 일을 맡기면 몇 년을 가는 것은 기본이었다. 이는 아버지의 신하들을 쓰는 데도 그대로 적용되었다.

세종 초 영의정을 맡았던 유정현의 경우가 대표적이다. 유정현은 태종의 명을 받아 세종의 장인 심온의 옥사를 주도했던 장본인이다. 게다가 세종의 부인 소헌왕후도 폐비시켜야 한다고 했던 인물이다. 그런데도 세종은 태종이 세상을 떠난 후에도 유정현을 계속 영의정에 두었다. 세종 8년 세상을 떠날 때까지 그 자리에 있었다.

사실 유정현은 인색하고 잔인하다는 평을 듣는 인물이었다. 세종 6년 영의정 유정현이 구설수에 올랐다. 이조판서의 노비가 유정현에게 이잣돈을 꾸었다가 갚지 못하자 유정현이 사람을 보내 노비집의 가마와 솥을 모조리 빼앗아 버린 것이다. 그런데도 세종은 유정현을 보호했다. 나라 살림 하는 데 유정현만 한 인재가 없다고 본 때문이다. 세종은 세종 5년 11월 25일 "정치하는 요체는 인재를 얻는 것이 급선무"라는 명언을 남긴 바 있었는데 그 전형적인 사례가 어쩌면 유정현의 경우인지 모른다.

황희의 경우도 마찬가지다. 황희는 태종 18년 5월 유배를 가야 했다. 그전까지만 해도 태종은 "황희는 하루라도 보지 않으면 안 될 것 같다"라고 극찬을 했었다. 이유는 양녕의 폐세자를 끝까지 반대했기 때문이다. 그러나 세종 4년 태종은 황희를 불러올려 복직을 시켜주고 얼마 후 세상을 떠난다. 세상을 떠나기 전 태종은 "황희를 중용하라"고 권한 바 있었다.

사실 세종으로서는 난감했다. 어떤 인물인지도 잘 모르는 데다가 자신의 즉위를 목숨 걸고 반대했던 인물이었다. 일단 의정부 참찬이라는 자리를 준다. 그러나 당시는 태종이 의정부서사제를 육조직계제로 바꿔놓았기 때문에 의정부 참찬이란 어찌 보면 중추원 자리처럼 한직이나 마찬가지였다. 그런데 1년 후 강원도에 혹심한 기근이 들었고 당시 관찰사 이명덕이 구황의 계책을 잘못 써서 백성들이 더 고통을 받게 되자 풍부한 행정 경험을 가진 당시 61세의 황희를 관찰사로 임명했다. 그의 성공적인 구휼에 기뻐한 세종은 황희를 특진시켜 가까이 두기 시작했다. 이렇게 해서 세종 시대 황희 정승이 탄생하게 된 것이다.

적재적소의 원칙을 시행하려면 사람의 특성을 정확히 파악해야 하는데 세종은 이 점에서도 탁월했다. 정인지나 신숙주의 경우 이재(吏才)는 부족한 사람들이었다. 대신 학재(學才)가 뛰어났다. 그래서 이런 인물들의 경우에는 주로 학술 행정 분야에서 일을 하도록 했고 전형적인 문신이던 김종서의 경우 군사 분야의 전문가로 키워냈다.

3. 결론 : "사대부 중에서 형벌로 죽은 사람이 없었다."

세종이 승하하자 중추원 지사 이선 등이 부고를 전하고 시호를 정하기 위해 닷새 후 고부사로 떠난다. 그때 명나라에 상신하기 위해 들고 간 글에 이런 대목이 있다.

신하를 예로 대우하여 왕의 세상이 끝나도록 사대부 중에서 형벌로 죽은 자가 없었다.

실제로 《세종실록》을 읽다 보면 세종에 대해 비슷한 느낌을 갖게 되는 게 있다. 정말로 세종이라는 사람은 관후하며 원대하고 지독할 정도로 집념이 강하다는 것이다. 그러면서도 결코 유약하거나 우유부단하지 않고, 공허하거나 이상에 치우치지 않고, 고집스럽거나 아집에 사로잡히지 않았다.

　그가 개성 강하고 노회한 아버지의 신하들을 무리 없이 품어 각자의 역량을 맘껏 발휘하게 하는 한편, 당장 실무에서 능력을 발휘할 수 있는 인재들은 적재적소에 배치해 국가의 중대사를 맡기고 또한 집현전이나 사가독서를 설치해 20년 후, 30년 후를 대비한 젊은 엘리트 문사를 키워낼 수 있었던 것도 따지고 보면 그 같은 세종의 성품이 뒷받침됐기 때문일 것이다. 태종의 말대로 세종은 "관홍장중(寬弘莊重)"한 성품을 갖고 있었기에 각 분야의 뛰어난 인재들을 흘러넘칠 정도로 길러낼 수 있었다.

어 휘 풀 이

절차탁마(切磋琢磨) 옥이나 돌 따위를 갈고 닦아서 빛을 낸다는 뜻으로, 부지런히 학문과 덕행을 닦음을 이르는 말.

멸사봉공(滅私奉公) 사욕을 버리고 공익을 위하여 힘씀.

대리청정(代理聽政) 왕이 병이 들거나 나이가 들어 정사를 제대로 돌볼 수 없게 되었을 때에 세자나 세제가 왕 대신 정사를 돌봄. 또는 그런 일.

치란(治亂) 잘 다스려진 세상과 어지러운 세상.

경학(經學) 사서오경을 연구하는 학문.

사학(史學) 역사를 연구 대상으로 하는 학문.

박학다식(博學多識) 학식이 넓고 아는 것이 많음.

제자백가(諸子百家) 춘추 전국 시대의 여러 학파.

내맥(來脈) 풍수지리에서, 종산에서 내려온 산줄기.

유자(儒者) 유학을 공부하는 선비.

주자소(鑄字所) 조선 시대에, 중앙에서 활자를 만들어 책을 찍어 내던 부서.

문치(文治) 학문과 법령으로 세상을 다스림. 또는 그런 정치.

문교(文敎) 문화와 교육을 아울러 이르는 말.

재리(財利) 재물과 이익을 아울러 이르는 말.

병혁(兵革) 무기를 통틀어 이르는 말.

일장일단(一長一短) 일면의 장점과 다른 일면의 단점을 통틀어 이르는 말.

사정(私情) 개인의 사사로운 정.

의례상정소(儀禮詳定所) 조선 초기, 국가의 의례에 관한 제도를 정하기 위하여 설치하였던 기구.

봉미(封彌) 과거를 볼 때에 답안지 오른편 끝에 응시자의 성명, 생년월일, 주소, 사조(四祖) 따위를 쓰고 봉하던 일.

역서(易書) 조선 시대에, 과장에서 응시자의 서체를 알아보지 못하게 답안을 다른 사람을 시켜 다시 옮겨 쓰게 하던 일.

협잡(挾雜) 옳지 아니한 방법으로 남을 속임.

강설(講說) 강론하여 설명함.

사가독서(賜暇讀書) 조선 시대에, 유능한 젊은 문신들을 뽑아 휴가를 주어 독서당에서 공부하게 하던 일.

경륜(經綸) 일정한 포부를 가지고 일을 조직적으로 계획함. 또는 그 계획이나 포부.

경사(經史) 경서(經書)와 사기(史記)를 아울러 이르는 말.

지성사대(至誠事大) 지극한 정성으로 큰 나라를 섬김.

이문(吏文) 조선 시대에 중국과 주고받던 문서에 쓰던 특수한 관용 공문의 용어나 문체.

기복(起復) 어버이의 상중에 벼슬자리에 나아감. 상중에는 벼슬을 하지 않는다는 관례를 깨고 벼슬을 하는 것을 이른다.

의정부서사제(議政府署事制) 조선 시대에, 의정부의 정승들이 육조의 업무를 심의한 후에 임금에게 보고하던 제도.

육조직계제(六曹直啓制) 조선 시대에, 의정부의 실무를 폐지하고 육조(六曹)에서 임금에게 국무를 직접 보고하여 처리하게 하던 제도.

이재(吏才) 관리로서 백성을 잘 다스리는 재간.

학재(學才) 학문에 대한 재능.

노회(老獪) 경험이 많고 교활함.

관홍장중(寬弘莊重) 너그럽고 도량이 크며 장엄하고 진중하다.

실록에서 새로운 목표
《대학연의》를 찾아내다

나는 실록을 읽기 전까지만 해도 《대학연의(大學衍義)》란 책을 몰랐고, 그 책을 지은 송나라 정치가이자 학자 진덕수(眞德秀, 1178~ 1235)의 이름 또한 들어본 적이 없었다. 애초에 내가 실록을 읽을 때 가장 관심을 두었던 임금은 세종이었고 그가 뛰어난 임금이 될 수 있었던 까닭을 추적하는 과정에서 이 책의 이름을 접하게 됐다.

1418년 6월 3일 갑작스레 양녕대군이 세자의 자리에서 쫓겨나고 막내 충녕대군이 세자로 책봉되었다. 그러나 충녕을 더욱 당혹스럽게 했던 것은 세자 책봉 후 불과 두 달여 만에 왕위에 올라야 했던 일이다.

양녕을 대신해 세자가 된 후 불과 두 달 만에 양위가 결정되었을 때 누구보다 당황했던 사람은 바로 세종 자신이다. 여러 가지 이유가 있겠지만 두 달이라는 시간은 국왕 준비 기간으로서는 너무나 짧았다. 아무리 그 전에 독서를 많이 했다고 해도 그냥 책을 읽는 것과 통치를 위한 책을 탐구하며 국왕의 일을 준비하는 것은 전혀 다른 차원이다. 충녕이 태종의 양위 의사를 전해 듣고 사양하며 했던 말 중 "신은 학문이 아직 이루어지지 못하여 위정(爲政)의 방도에 대하여 어리둥절하고 깨달음이 없사온데"라는 대목은 겸양이라기보다는 당시의 솔직한 본심이었을 것이다.

세자를 위한 서연(書筵-세자 교육 제도)은 두 달밖에 못했지만 대신 국왕을 위한 경연(經筵-임금 교육 제도)을 강화함으로써 그 대안을 찾고자 했던 것이 세종의 생각이었다. 그래서 즉위 두 달도 채 안 된 10월 7일 세종은 첫 번째 경연을 여는데 그때 채택한 교재가 《대학연의》였다. 왜 하필이면 하고많은 책 중에 《대학연의》를 첫 번째 경연 교재로 사용한 것일까? 경연을 책임지고 있던 경연 동지사 이지강은 10월 12일 두 번째 경연에서 세종에게 《대학연의》를 강의한 후 이 책을 선택한 이유를 다음과 같이 간략하게 이야기한다.

임금의 학문은 마음을 바르게 하는 것이 근본이 되옵나니, 마음이 바른 연후에야 백관이 바르게 되고, 백관이 바른 연후에야 만민이 바르게 되옵는데, 마음을 바르게 하는 요지는 오로지 이 책에 있습니다.

그는 《대학연의》라는 책은 한마디로 '마음을 바르게 하는 책'이라고 정곡을 찔러 말하고 있다. 세종이 《대학연의》를 독파하는 데 걸린 시간은 대략 4개월 정도였던 것 같다. 세종 1년 2월 17일 자 기사다.

탁신은 또 아뢰기를, "《대학연의》란 책은 선과 악이 분명하여, 경계가 되기에 족하니, 진실로 임금의 귀감이옵니다. 전하께서 등한히 마시고 항상 익히 보시옵소서" 하니, 임금이 "그렇다. 내가 어려서부터 학문에 꿈을 독실히 하여 일찍이 조금도 게을리하지 아니했다. 《대학연의》는 마땅히 다시 자상히 읽겠다"고 했다.

그래서 세종은 3월 27일 강독이 끝나자 다시 3월 30일부터 《대학연의》로 경연을 열었다.

《대학연의》란 말 그대로 중국의 세계적인 고전 '사서삼경(四書三經)'의 하나인 《대학(大學)》의 깊은 뜻을 알기 쉽게 풀어냈다는 뜻이다. 이 책을 쓴 사람은 송나라 유학자 진덕수다. 우선 진덕수에 대한 기초적인 정보부터 정리해 보자.

송나라 건녕부 포성 사람으로 자는 경원(景元) 또는 희원(希元)인데, 나중에 경희(景希)로 고쳐 불렀다. 호는 서산(西山)이고, 시호는 문충(文忠)이다. 그래서 조선 시대 때 우리 조상들은 그를 서산 선생 혹은 서산 진씨라고 불렀다.

일설에는 원래 성이 신(愼)이었는데, 효종의 조신(趙眘)의 이름을 피해 고쳤다고도 한다. 4살 때 처음 책을 읽기 시작했고, 5살 때 아버지가 돌아가셨는데 어머니 오씨(吳氏)가 가난 속에서도 온 힘을 다해 그를 교육시켰다.

영종 경원 5년(1199년) 진사가 되고, 개희 원년(1205년) 박학굉사과에 합격했다. 이종 때 예부시랑에 발탁되어 직학사원에 올랐다. 사미원이 그를 꺼려 탄핵을 받고 파직되었다. 나중에 천주와 복주의 지주를 지냈다.

단평 원년(1234년) 입조하여 호부상서에 오르고, 한림학사와 지제고가 되었다. 다음 해 참지정사에 이르렀는데, 얼마 뒤 죽었다. 강직하기로 유명해 조정에서 명성이 자자했다. 시정(時政)에 대해 자주 건의했고, 주소(奏疏-임금에게 올린 글)는 수십만 자에 이르렀다. 그가 쓴 《대학연의》는 주희의 《대학장구(大學章句)》에 비견한다는 평을 들었다. 조선에서는 그가 편찬한 《심경(心經)》도 크게 유행했다. 나는 이 책도 우리말로 옮겼다.

한마디로 조선 초 국왕들의 정신세계를 이해하는 데 가장 결정적인 책 한 권을 꼽으라고 한다면 단연코《대학연의》다. 여기에 견줄 만한 책은 사마광(司馬光, 1019~1086)이 쓴《자치통감(資治通鑑)》이나 주희(朱熹, 1130~1200)가 그것을 성리학적 시각에서 정리한《자치통감 강목(資治通鑑綱目)》정도다.

사실 조선의 주요 국왕들은 다 이 책을 즐겨 보거나 억지로라도 읽어야 했다. 따라서 이 책을 대하는 태도만으로도 조선 시대 각 국왕들의 학문적 기호나 성품까지도 알아낼 수 있고 서로 간의 비교도 가능해진다.

세종을 쏙 빼닮은 문종도 즉위하던 해(1450년) 경연에서《대학연의》를 강독하는데 이와 관련해《문종실록》즉위년 12월 17일 자에 아주 흥미로운 기록이 나온다.

임금이 동궁에 있을 때 서연관에게 명하여《대학연의》를 언자(諺字-한글)로써 어조사를 써서 종실 가운데 문리(文理)가 통하지 않는 자를 가르치려고 했다.

구결이 아닌 한글로 어조사를 달려고 했다는 것은 그만큼 문종도 이 책을 좋아했다는 뜻이다. 그리고 이듬해 문종은 보다 구체적인 명을 내린다.

임금이 말했다.

"《대학연의》는 임금의 귀감일 뿐 아니라, 대신과 종친도 몰라서는 안 된다. 이번에 지은 주해(註解)가 조금 소략(疏略)하므로 상세히 주석을 더해서 세자와 종친을 가르치고자 한다."

검토관 성삼문(成三問)이 대답했다.

"지금의 주해는 오직 차대경연관 2인이 대강 고열(考閱)한 것이므로 상세하지 못한 것이 많으니, 마땅히 따로 한두 유사(儒士)에게 명하여 책임지고 완성하도록 하셔야 합니다."

임금이 그대로 따르라고 명하여 좌사간 최항(崔恒)의 직을 갈아 집현전 부제학으로 삼아서 이를 맡게 했다.

단종은 너무 어렸고, 세조는 이미 장성해서 독서 취향이 분명했기 때문에 《주역》이나 《정관정요》는 좋아했어도 《대학연의》에 대해서는 별도의 언급이 없다. 아마도 그 자신이 조카를 죽이고 왕위를 사실상 찬탈했기 때문에 본인도 꺼림칙했고 신하들도 적극적으로 권하지 않은 때문으로 보인다. 예종도 즉위 초 경연에서 《대학연의》를 강하지만 곧바로 의문의 죽음을 당해 이렇다 할 기록을 남기지 않았다.

성종의 경우 어려서 왕위에 오른 때문인지 20대 중반이던 성종 10년 전후에야 경연에서 《대학연의》를 강하고, 연산군은 즉위 첫해

고전의 바다에서 지혜를 낚는 법

부터《대학연의》를 읽었다. 그리고 연산군 3년과 8년에도《대학연의》를 진강했다는 기록으로 볼 때 연산군도 이 책을 상당히 좋아했음을 알 수 있다.

세종 못지않게《대학연의》를 좋아하고 가까이했던 임금으로는 중종을 꼽을 수 있다. 결과적으로는 이렇다 할 업적을 남기지 못했지만 그만큼 중종은 강한 왕권을 향한 의지를 불태웠던 임금인지도 모른다. 이런 점을 정확히 이해할 때 그가 왜 조광조로 대표되는 신권 세력을 일거에 제압했는지를 이해할 수 있다.

대체적으로 중종 임금 이후 사림 세력을 중심으로《소학(小學)》을 중시하는 분위기가 생겨났다. 이는 신권 중심주의와 직결된다. 그러나 임금들은 계속 서연이나 경연에서《대학연의》를 읽고 또 읽었다. 숙종의 경우 숙종 23년(1697년) 윤3월 27일《대학연의》에 대한 강독이 다 끝난 후 이렇게 말한다.

진덕수가 10년 동안 깊이 생각한 공부가 매우 부지런했다. 이제 이 책을 보니 어렴풋이 그 사람이 곁에 있는 듯하며, 그것이 다스리는 도리에 있어서 매우 절실하고 지극하니, 마땅히 각별하게 유의하겠다.

적어도 실록의 기록만으로 보더라도《대학연의》는 조선 건국부터 후기까지 줄곧 제왕학의 텍스트로 널리 읽혔음을 알 수 있다. 오히려 불가사의한 일은 이처럼 조선의 왕실뿐만 아니라 조선의 지성사를 이해하는 데 가히 결정적이라 할 수 있는 《대학연의》가 내가 번역할 때까지도 아직 번역되지 않았다는 사실인지 모른다.

어휘 풀이

위정(爲政) 정치를 행함.
백관(百官) 모든 벼슬아치.
시정(時政) 그 당시의 정치나 행정에 관한 일.
문리(文理) 글의 뜻을 깨달아 아는 힘.
주해(註解) 본문의 뜻을 알기 쉽게 풀이함. 또는 그런 글.
소략(疏略) 엉성하고 간략함.
고열(考閱) 자세히 살펴보거나 점검하면서 읽음.
유사(儒士) 유학을 공부하는 선비.

3장

《논어》, 가벼운 트레킹이 아니라 암벽 등반하듯 올라야 하는 책

《논어》 공부에 지표가 된
호암 선생의 한마디

2007년부터 본격적으로 《논어》 공부를 시작했다. 《논어》를 공부해
본 사람들이 대부분 경험한 것처럼 나도 공부를 시작한 지 얼마 안
가서 포기했다. 무슨 말인지를 알 수가 없었기 때문이다. 한마디로
암흑이었다. 첫 구절부터 모호했다.

배우고 익히면 이 또한 기쁘지 아니한가?

學而時習之　不亦說乎

학 이 시 습 지　불 역 열 호

고등학교 때부터 수없이 들어본 구절인데, 정작 본격적으로《논어》공부를 하기로 결심하고서 읽었을 때 무슨 말인지 이해가 되지 않았다. 우선 든 의문은 예를 들면 이런 것이다.

배우고 익히는 게 뭐가 기쁘지? 배우거나 그것을 익히는 일은 대부분의 사람에게 단조롭고 지겨워 힘든 것 아닌가? 실제로 우리 주변을 보아도 배우고 익히기를 정말로 기뻐하는 사람은 극소수에 불과하다. 시작하는 첫 구절부터 의문이 풀리지 않으니 읽어갈수록 더 모호했다.

여러분도 어떤 고전을 읽다 보면 방향을 잃고 헤매는 경우가 생길 수 있다. 이때 중요한 것은 지표다. 한마디로 방향을 가리키는 지침이다. 나의 경우《논어》공부를 하면서 방향을 잃었을 때 지표가 돼준 것은 삼성 그룹의 창업자 이병철 회장이 본인의 자서전《호암자전(湖巖自傳)》에서 밝힌 다음과 같은 발언이다. 호암(湖巖)이란 큰물과 바위라는 뜻으로 이병철 회장의 호다. 거기서 호암 선생은《논어》와 관련해 너무나도 중요한 말을 남겼다.

가장 감명 받은 책 혹은 좌우에 두는 책을 들라면 서슴지 않고《논어》라고 말할 수밖에 없다. 나라는 인간을 형성하는 데 가장 큰 영향을 미친 책은 바로《논어》이다. 나의 생각이나 생활이《논어》의 세계에서 벗어나지 못한다고 하더라도 오히려 만족한다.《논어》

에는 내적 규범이 담겨 있다. 간결한 말 속에 사상과 체험이 응축되어 있다. 인간이 사회인으로서 살아가는 데 불가결한 마음가짐을 알려준다.

지금 다시 읽으니 실로 그분은 국내의 어느 동양학자보다 《논어》의 정수를 꿰뚫고 있었구나 하는 생각을 버릴 수가 없다. 나는 2018년 1월 조선일보에 다음과 같은 글을 실은 적이 있다. 한국, 중국, 일본의 《논어》 수준을 비교하는 글이다.

《논어》를 보는 눈은 주희(朱熹)가 사서(四書)의 하나로 포함하기 이전과 이후로 나뉜다. 유감스럽게도 우리는 주희가 사서로 포함한 이후 버전, 즉 선비나 사대부의 마음 수양서 정도로밖에 보지 못하는 시야에 머물러 있다. 조선 500년 주자학 혹은 성리학의 영향이기도 하고, 20세기 100년간 《논어》를 제대로 천착하지 않은 결과이기도 하다.

그럼에도 왜 한국인들은 여전히 《논어》를 사랑하고 미련을 버리지 못하는 것일까? 손에 딱 잡히지는 않아도 뭔가 있는 것 같은 인상 때문이 아닐까라고 여긴다. 그런데 우리 실상은 조금은 부끄럽다.

논어력(論語力)이라는 용어가 가능할지 모르겠는데 《논어》를 정확히 이해하고 응용하는 능력이라는 면에서 보자면 한·중·일의 논어력은 일본-한국-중국 순이다. 중국은 문화혁명 및 근대 학문적 훈련의 지체 때문에 아직은 뒤처져 있다. 우리는 19세기 말부터 100년 가까이 우리 조상의 지혜를 내팽개치면서 '해석의 단절'을 겪었다. 반면에 일본은 학문적 단절이 없어 논어력에서 가장 앞서 나가고 있다.

그나마 새해 선물하고 싶은 고전 1위로《논어》가 뽑혔다는 것은 분명 고무적이다. 독서 대중은 원하는데, 사실 우리 학계에 대중 눈높이에 맞게 그 내용을 제대로 소개하지 못하는 것이 문제일 뿐.

공자는 서른 살에 이립(而立)했다고 한다. 그런데 필자는 논어 공부 10년을 넘기면서 이게 무슨 뜻인지를 제대로 푸는 전문가를 만나 보지 못했다. 기껏해야 '인격적 주체로 홀로 서는 것' 정도의 풀이에 머문다.

《논어》는 죽간(竹簡-대나무로 만든 휴대용 책)에 쓰인 책이다. 그것은 엄청난 압축이 있었다는 뜻이며 이를 풀지 않으면 제대로《논어》를 알 수 없다. 이립(而立)은 먼저 자기 자신을 세우고 나서 다른 사람을 세워준다는, 입기이립인(立己而立人)에서 세 번째와 네 번째 글자만 따온 것이다. 당시 문자를 해독한 식자들은 이립(而立)만 봐도 '입기이립인'을 떠올렸다.

이런 식으로 압축된 글자들을 복원해 낼 때《논어》는 마음 수련서에 머물지 않는다. 서양에서 마키아벨리의 《군주론》이 제왕학을 대표한다면 동양에서 그 자리는 바로 이 《논어》다.

혹시 《논어》의 맨 마지막 두 구절을 본 적이 있는가? 그것이 결론이다.

예를 알지 못하면 설 수 없고, 말을 알지 못하면 사람을 알 수 없다.
不知禮 無以立也 不知言 無以知人也
부 지 례 무 이 립 야 부 지 언 무 이 지 인 야

자기건 남이건 세우고 세워주는 것은 예를 알 때 가능하며, 특히 다른 사람이 하는 말만 듣고서도 사전에 그 사람이 어떤 사람인지를 알아내지 못한다면 그 사람은 사람을 볼 줄 안다고 할 수 없다. 물론 그런 사람이 남을 다스려서는 안 된다. 그래서 《논어》는 제왕학인 것이다. 올해부터는 《논어》에 대한 제대로 된 사랑이 퍼져 나가기를.

일단 이 정도만 읽어보아도 왜 호암 선생이 그처럼 《논어》에 대해 간곡한 말을 남겼는지를 어느 정도 이해했으리라 본다.

고전의 바다에서 지혜를 낚는 법

모든 책은 시작과 끝을
알아야 한다

앞서 여러 차례 밝힌 대로 나는 대학원 시절 해석학(解釋學)이라는
분야를 공부했다. 사실 《논어》를 혼자 힘으로 읽어낼 수 있었던 비
결 중 하나는 바로 이 해석학에 있다. 참고로 해석학(解析學)이란
분야도 있는데 이것은 수학의 한 분야다. 미적분학과 함수를 다루
는 전문 분야인데 영어로는 흔히 분석이라고 하는 그 'analysis'다.
반면에 해석학(解釋學)은 'hermeneutics'인데 이는 정통 인문 사회
과학의 방법론이다.

책을 읽는다는 것은 곧 책을 통해 저자의 의도를 해석하고 이해
하는 것이다. 그것은 첫 문장에서 출발해 끝 문장까지 잘 도달하는

방법이며, 이것이 곧 해석학이다. 해석학이란 학문은 근대에 생겨난 것이지만 실은 이미 그 전부터 우리 인간은 끊임없이 해석 행위를 해왔다. 우화나 상징은 반드시 해석을 통해 일반인들이 이해할 수 있는 방법으로 바꿔야 한다.

예를 들면 단군신화에서 호랑이와 곰이 마늘과 쑥을 놓고 인내심 경쟁을 벌여 마침내 곰이 승리했다고 하는데 이를 진짜 그대로 믿으면 황당해진다. 이는 곰을 자기 부족의 상징인 토템으로 삼는 부족과 호랑이를 토템으로 삼는 부족의 경쟁으로 바꿔서 곰 토템족이 이긴 것으로 풀어낼 때 현실 속의 이야기로 전환된다. 이것이 전형적인 해석이다.

이런 해석은 이미 고대에서부터 있었고, 특히 서양에서는 프리드리히 슐라이어마허라는 독일의 신학자가 성서를 해석하는 데 집중 적용함으로써 본격적으로 학문의 한 분야가 됐다. 그 후에 빌헬름 딜타이라는 독일 철학자가 인간을 이해하는 방법으로 해석학을 활용했고, 그 결과 인문학의 중요한 방법의 하나로 해석학이 우뚝 서게 됐다. 나는 30대 초반에 이런 해석학을 잘 정리한《해석학이란 무엇인가》라는 미국 학자 리처드 팔머의 책을 국내에 번역해 소개한 바가 있다.

해석학이 힘을 발휘하는 것은 바로 고전을 읽어낼 때다. 물론 좋은 해설서나 안내서의 도움을 받는 것도 훌륭한 방법이지만, 실은 고전은 자기 힘으로 혼자 읽어낼 때 오롯이 자기 것이 될 수 있다는 점을 강조해 둔다.

이런 경우에는 아주 간단하게 밝음과 어둠의 방법이 활용된다. 무슨 말인가 하면 어떤 책이건 첫 문장을 대하면 알 듯 모를 듯 하다. 알 듯한 부분이 밝음이고, 모를 듯한 부분이 어둠이다. 그러나 조금씩 계속 읽어가다 보면 어두웠던 부분들이 조금씩 밝아진다. 그리고 맨 끝까지 가게 되면 마침내 상당히 밝아진다. 그렇게 해서 맨 끝까지 밝힌 다음에 다시 돌아와 첫 문장을 접하면 애초에 그냥 접했을 때의 첫 문장과는 느낌이 확연히 다르다. 즉 첫 문장부터 이제는 어두운 부분을 거의 제거하고서 나아가게 되는 것이다. 이것이 바로 책 읽기의 해석학이다.

사실 이 방법은 동서고금의 모든 고전을 읽어나갈 때 활용할 수 있는 일종의 만병통치약과도 같은 책 읽기 기술이라고 할 수 있다. 당연히《논어》또한 이렇게 읽어가야 한다.

그런데 유튜브 같은 데서 하는《논어》강의를 보면 엉뚱한 소리를 하는 사람들이 많다. 그중 하나가 "《논어》는 아무 구절이나 하나 골라서 나름대로 음미하면 된다"는 말이다. 이는 한마디로 자신이《논어》가 어떤 책인지 모른다는 것을 만천하에 공개적으로 말하는 것이다. 왜냐하면《논어》란 기원전 2~3세기경 어떤 미지의 편집자가 특정한 목적을 위해 공자와 그 제자들의 말을 잘 재배치해서 편집해 놓은 책이기 때문이다. 따라서 우리는 그 편집자가 왜 이 구절을 맨 앞에 두었고 왜 이 구절을 뒤에다 두었는지를 하나하나 음미하며 나아갈 때 그 모습이 드러난다. 그 모습이란 다름 아닌《논어》라는 책의 내용이다. 다시《논어》의 첫 문장으로 돌아가 보자.

배우고 익히면 이 또한 기쁘지 아니한가?
學而時習之 不亦說乎
학 이 시 습 지   불 역 열 호

원문에서 먼저 눈여겨봐야 할 단어는 지(之)다. 우리는 흔히 '갈 지'라고 배웠지만 이 경우에는 영어의 지시대명사와 같다. 그러면 무엇을 지시하는 것일까? '배우다'라는 학(學) 뒤에 생략된 목적어를 지시하는 것이다. 그런데 그 목적어는 아직은 어둠에 쌓여 있다. 이는《논어》를 계속 읽어가다 보면 금방 알게 되는데, 문(文)이 그것이다. 다시 말해 학문(學文), 즉 문을 배워서 그것을 익히라는 말이다.

그런데 문(文) 하면 우리는 '글월 문' 하고 배웠기 때문에 '아! 글을 배우라는 말이구나'라고 생각하게 된다. 그러나 이렇게 되면 곧바로 옆길로 샌다. 이때 문(文)은 문무(文武)의 문이 아니라 문질(文質)의 문이다. 물론 이 또한《논어》를 계속 읽어가다 보면 금

고전의 바다에서 지혜를 낚는 법

방 알게 된다. 이처럼 《논어》는 계속 새로운 질문들을 던지면서 동시에 그에 맞는 답을 제시한다. 문질의 문이란 애써서 드러내는 것이고, 질은 바탕이다. 사람의 경우 본마음 혹은 본바탕이 속에 들어 있고, 말과 행동을 통해 애써 그것을 드러낸다. 즉 어떤 사람의 말과 행동이 바로 문(文)이고, 그 사람의 속마음이 바로 질(質)이다. 그리고 어떤 사람의 말과 행동을 통해 그 사람의 속마음을 읽어내는 것을 지인(知人), 즉 사람을 알아보는 법이라고 하는데, 특히 《논어》는 행동보다는 말을 통해 미리 그 사람을 알아보는 데 초점을 맞춘 책이다. 2017년 9월에 나는 한국일보에 '거꾸로 읽는 논어'라는 제목의 칼럼을 쓴 적이 있다. 지금까지 이야기를 이해하고서 본다면 그 내용을 쉽게 알 수 있을 것이다.

그게 무슨 뜻인지는 제쳐두고 많은 사람들은 학이시습(學而時習)은 들어봤어도 《논어》라는 책이 어떤 구절로 끝나는지를 잘 모르는 듯하다. 사실 그 끝 구절이야말로 《논어》가 어떤 책인지를 설명해 주고 있는데도 말이다.

"말을 알지 못하면 사람을 알 수 없다." 이 구절은 그냥 끝에 있는 것이 아니라 《논어》라는 책의 최종 결론이라는 점에서 그 뜻을 명확히 해야 한다. 말을 안다는 것은 어떤 사람이 하는 말만 듣고서도 정확히 그 속내를 읽어낸다는 뜻이다. 그래야 그 사람을 알 수 있다.

짧은 구절이지만 그 안에 함축된 의미는 《논어》 전체를 통해 쉽게 풀어낼 수 있다. 사실 행동으로 드러나고 나면 그 사람을 아는 것은 쉽다. 대신 행동으로 드러나기 전, 그 사람이 하는 말만 가지고 그 사람을 안다는 것은 여간 어려운 일이 아니다. 특히 짧은 몇 마디 말만으로도 그 사람의 사람됨을 알아차릴 수 있다면 우리는 세상 살아가는 것이 한결 쉬울 것이다.

그런데 이 구절은 일반 사람한테도 필요하겠지만 무엇보다 지도자에게 필요한 것이다. 즉 지도자는 사람을 쓰는 자리에 있기 때문에 그에 앞서 사람을 잘 알아보는 것은 필수적이다.

우리의 조상들은 그것을 지인지감(知人之鑑)이라고 불렀다. 다산 정약용은 좀 더 구체적으로 관인지법(觀人之法)이라는 용어를 즐겨 사용했다.

사실 조선 시대 임금이나 관리들의 논어력(論語力)과 비교하면 지금 우리의 논어력은 부끄럽다 못해 참담한 수준이다. 중용(中庸)이라는 말은 책 이름이기도 하지만 《논어》에 나오는 말인데 지금도 유학을 전공했다는 사람들조차 '좌우 균형', '조화', '치우치지 않음' 운운한다. 무슨 말인지 모른다는 뜻이다. 중용은 명사가 아니라 적중하여[中] 유지한다[庸]는 두 개의 동사다. 사안의 본질에 적중해 그것을 오래 품고 가는 능력이나 태도를 말하는 것이다. 그래서 실록에는 부중(不中)이라는 말이 자주 사용되는데, 이 또한 법률이나 문제의 해결책 등이 사안에 딱 맞아떨어지지 않는다는 뜻이다. 요즘 우리 정치 지도자들이 북핵 해법을 제대로 찾지 못해 허우적거리고 있는 모습이 다름 아닌 부중인 것이다.

옆으로 샌 김에 하나만 더 짚어보자. 이미 미국, 일본, 중국, 러시아 등 한반도 주변 강대국에 보낸 주요 대사(大使)를 두고서 전문성 논란이 거세다. 공신 보훈 차원의 인사라는 것이다. 그러나 이미 《논어》에서 공자는 사신, 즉 오늘날의 대사로 보내는 사람의 핵심 능력을 전대(專對)라고 말하고 있다. 전(專)이란 독자적으로, 자기 혼자 힘으로라는 뜻이고 대(對)는 대처하다, 대응하다는 뜻이다. 따라서 전대란 본국에 조회하지 않고서 현지에서 외교관이 독자적으로 응대할 수 있는 능력을 말한다. 공자는 이렇게 말했다.

《시경》삼백 편을 다 외우더라도 정사를 맡겼을 때 잘하지 못하고 외국에 사신으로 나가 혼자서 응대하여 처결하지[專對] 못한다면, 비록 많이 배웠다 한들 또한 어디에다 쓰겠는가?

사실 《논어》가 어떤 책인지는 학이시습(學而時習)보다는 "말을 알지 못하면 사람을 알 수 없다"가 훨씬 분명하게 보여준다. 실은 "배우고 시간 날 때마다 익히면 정말로 기쁘지 아니한가?"는 첫째,

어떤 사람이 학이시습 하는 것을 정말로 기뻐하는 사람인지 아닌지를 보는 잣대이며 둘째, 특히 지도자가 학이시습 하는 것을 정말로 기뻐할 때라야 그 지도자에게 스승의 역할을 할 수 있는 신하가 다가갈 수 있다는 의미심장한 말이다. 예습 복습 잘하라는 뜻이 아니다.

공자는 사람 보는 네 가지 단계를 제시했다. 날 때부터 사람 잘 알아보는 자, (《논어》 같은 책을 통해) 배워서 사람 잘 알아보는 자, 곤경에 처하고서야 사람 보는 법을 배우는 자, 곤경을 겪고서도 배우지 않는 자.

어휘 풀이

지인지감(知人之鑑) 사람을 잘 알아보는 능력.
관인지법(觀人之法) 사람의 됨됨이를 알아보는 법.

고전의 바다에서 지혜를 낚는 법

공자의 텍스트를 읽는 비법, 형이상중하

2016년부터 논어등반학교에서 《논어》를 가르치며 핵심적인 도구로 활용하고 있는 말이 '형이상중하(形而上中下)'라는 말이다. 그렇다고 무슨 어려운 말은 아니다. 형이상(形而上), 형이하(形而下)라는 말은 원래부터 있던 말이고, 형이중(形而中)은 강의 목적상 내가 만들어낸 말이다. 원래 형이상, 형이하는 《주역(周易)》 계사전(繫辭傳)에 나오는 공자의 말이다.

형이상을 일러 도리라 부르고, 형이하를 일러 그릇이라 부른다.

이 말은 풀자면 형이상은 추상적인 것, 형이하는 구체적인 것이라는 뜻이다. 여기에 그 중간 단계로 형이중을 만들어 넣은 이유는 그래야만 《논어》에서 사용하는 공자의 언어가 생생하게 생명력을 얻게 되기 때문이다. 형이중은 일종의 정의(定義)라 할 수 있다. 한 단어가 형이상, 정의가 형이중, 실제 사례가 형이하인 셈이다.

《논어》에 자주 등장하는 호학(好學)이라는 말을 예로 들어보겠다. 그냥 호학이라고 해서는 무슨 말인지 알 수가 없다. 그런데도 우리는 호학군주 운운하며 조선 시대의 세종이나 정조를 거론하는 경우가 많다. 형이상중하의 원리를 모르는 데서 빚어지는 우스꽝스러운 상황이라고 하겠다. 자, 호학이라는 키워드를 들고서 《논어》의 텍스트 속으로 풍덩 들어가 이번 기회에 《논어》에 등장하는 호학이라는 말을 대거 만나보자. 그렇게 하지 않고서는 그 명확한 뜻을 안다는 것은 거의 불가능하기 때문이다.

먼저 학이(學而)편에 이 말이 등장한다. 공자의 말이다.

일을 할 때는 민첩하게(혹은 주도면밀하게) 하고 말을 할 때는 신중하게 하며, 도리를 깨우쳐 아는 사람이 있으면 서슴지 않고 그에게 나아가 배움을 구하려 한다면 배우기를 좋아한다고 이를 만하다.

敏於事而愼於言 就有道而正焉 可謂好學也已

민 어 사 이 신 어 언   취 유 도 이 정 언   가 위 호 학 야 이

고전의 바다에서 지혜를 낚는 법

상당히 구체적인 내용이 제시돼 있다. 즉 형이중으로 형이상에 해당하는 호학을 풀어냈다고 할 수 있다. 그러나 어디에도 책 읽기를 좋아한다는 말은 없다. 다음은 공야장(公冶長)편이다.

자공이 공자에게 물었다. "위나라 대부인 공문자(孔文子)에게 문(文)이라는 시호를 내린 이유는 무엇입니까?" 이에 대해 공자는 말했다. "공문자가 (일을) 행하는 데 민첩하고 배우기를 좋아하며 아랫사람에게 묻기를 부끄러워하지 않아 문(文)이라 일렀다."

子貢問曰 孔文子何以謂之文也 子曰 敏而好學不恥下問
자공문왈 공문자하이위지문야 자왈 민이호학불치하문

是以謂之文也
시 이 위 지 문 야

이번에는 문(文)이라는 형이상을 설명하는 데 형이하 차원에서 호학이란 개념이 동원된 경우다. 여기서는 아직 호학의 뜻이 모호할 수밖에 없다. 다만 눈여겨봐야 할 부분은 일과 관련된 민(敏)이 호학과 결부돼 있다는 점이다. 이 말은 곧 일을 주도면밀하게 하면서 묻기를 좋아했다는 말이다. 그랬기에 아랫사람에게 묻는 것도 부끄러워하지 않았던 것이다. 열린 마음과 겸손함이 없이는 불가능한 행동이다. 다시 공야장편 끝부분에서 공자는 바로 자기 자신이 호학하는 사람임을 이렇게 강조해 말한다.

10가구 정도 되는 작은 마을에도 나만큼 충신한 사람은 반드시 있겠지만 (그런 사람들도) 나만큼 배우기를 좋아하지는 못할 것이다.

子曰 十室之邑必有忠信如丘者焉 不如丘之好學也

자왈 십실지읍필유충신여구자언 불여구지호학야

유감스럽게도 여기서는 호학이 서술어로 사용돼 그 구체적 내용을 알 수 없다. 다행히 바로 그 앞에 호학하는 사람의 모습이 어떤 것인지를 보여주는 내용이 나온다.

공자가 말했다. "다 끝나버렸구나! 나는 아직 (나만큼) 자기 허물을 발견하여 마음속으로 송사를 하듯이 맹렬하게 (고치려) 하는 자를 보지 못했다."

子曰 已矣乎 吾未見能見其過而內自訟者也

자왈 이의호 오미견능견기과이내자송자야

즉 이렇게 하는 것이 호학이라고 중간 단계, 즉 형이중 차원에서 풀어내고 있는 것이다. 이어서 옹야(雍也)편이다.

애공이 물었다. "제자들 중에서 누가 배우는 것을 좋아하는가?"

공자가 말했다. "안회라는 자가 있어 배우기를 좋아하여 분노를 다른 데로 옮기지 않고 잘못을 두 번 다시 반복하지 않았는데 불행하게도 명이 짧아 죽었습니다. 지금은 그가 가고 없으니 아직 배우기를 좋아하는 자를 들어보지 못했습니다."

哀公問 弟子孰爲好學

애 공 문   제 자 숙 위 호 학

孔子對曰 有顔回者好學不遷怒不貳過 不幸短命死矣

공 자 대 왈   유 안 회 자 호 학 불 천 로 불 이 과   불 행 단 명 사 의

今也則亡 未聞好學者也

금 야 즉 망   미 문 호 학 자 야

임금 애공의 호학에 관한 물음에 공자는 "분노를 다른 데로 옮기지 않고 잘못을 두 번 다시 반복하지 않았는데"라고 답한다. 이렇게 하는 것이 호학이라는 말이다. 호학의 내용을 형이중 혹은 형이하로 풀어냈다고 할 수 있다. 즉 여기서도 역시 책을 좋아하는 것이 호학이 아님을 분명히 알 수 있다.

사실 이 정도면 공자가 말하는 호학의 뜻을 알아차렸을 것이다. 그런데 지금 우리는 이것을 '학문을 좋아한다'로 풀이하고 있다. 이렇게 해서는 공자의 본뜻에 접근조차 할 수 없다. 배우기를 좋아하

는 것은 사실상 겸손하게 부지런히 스스로를 바꿔나가라는 뜻이라고 봐야 한다. 이렇게 되면 우리는 학이편의 첫 구절을 제대로 이해할 수 있는 길을 만나게 된다.

學而時習之 不亦說乎
학 이 시 습 지 불 역 열 호

(옛 뛰어난 이들의 애씀이나 애쓰는 법을) 배워서 시간 나는 대로 그것을 익히니 진실로 기쁘지 않겠는가?

앞서 말한 대로 풀이의 실마리는 그것[之]에 있다. 기존의 번역들은 대부분 이것을 놓쳤다. 뭔가를 배우고 그 뭔가를 시간 나는 대로 익혀야 한다는 말이다. 그 뭔가란 문(文)을 배우라는 것이다. 일부 책에서는 일본 학자들의 영향을 받아서 예(禮)를 배우라고 풀이하는데 그럴 이유가 없다. 《논어》에서 배운다고 할 때는 십중팔구 문을 배우라는 것이기 때문이다. 공자가 제자들에게 가르친 네 가지가 문(文), 행(行), 충(忠), 신(信)이다(술이편 24). 그중에 가장 먼저 나오는 것이 문이다. 가장 중요하기 때문에 가장 앞에 내세운 것이다.

문만 알면 거의 다 아는 셈이다. 우선 '글월 문'이라고 배웠다 해서 문을 글로 옮긴 번역서들이 많다. 공자는 글 선생이 아니다. 《논

고전의 바다에서 지혜를 낚는 법

어》를 가장 크게 왜곡한 주희는 《논어집주(論語集註)》에서 문을 《시경(詩經)》, 《서경(書經)》, 《주역(周易)》, 《예기(禮記)》, 《악기(樂記)》, 《춘추(春秋)》 등 육경(六經)의 글이라고 보았다. 한마디로 공자의 사상을 문이라고 본 듯한데, 이는 틀렸다고는 할 수 없지만 맞는 것도 아니다. 육경의 글들은 옛 뛰어난 인물들의 열렬히 애썼던 흔적을 모아서 편집해 놓은 것이 분명하지만, 문은 그 범위에 한정되지 않는다. 우리가 노력하기에 따라 지금 이곳에서도 얼마든지 문을 찾아 배울 수 있기 때문이다. 그러면 과연 문은 무엇일까? 앞서 공문자에게 시호로 내린 그 문(文) 말이다.

내가 2007년부터 2012년까지 5년간 《논어》를 파헤치고 나서 맨 마지막에 풀어낸 숙제가 바로 문은 '애쓰다', '애씀', '애쓰는 법'으로 풀어야 한다는 것이었다.

학이시습지(學而時習之)는 애씀을 배워서 시간 나는 대로 그것을 익힌다는 말이다. 이로써 그것[之]에 대한 궁금증도 풀렸고, 따라서 '학이시습지'는 온전히 파악됐다. 기존의 《논어》 풀이는 유감스럽게도 여기서 그치고 만다. '배우다'의 목적어는 어렵사리 찾았지만 아직 주어는 찾지 못했는데도 말이다. 제대로 이해도 못 한 채말이다.

누가? 과연 '학이시습지'라고 했을 때 문(文), 즉 애씀이나 애쓰는 법을 배우는 주체는 누구일까? 줄여서 학습(學習)이 되다 보니 흔히 어린아이들을 《논어》를 배우는 주체나 주어로 생각하는 경향이 일반적이다. 그러나 지난 10년 동안 씨름한 결과 《논어》는 어린아이들을 위한 책이 아니다. 사실 이렇게 딱 끊을 수 있을지는 모르겠지만 20대 중반까지는 이 책을 읽어도 그 깊은 뜻을 알 수가 없다. 왜냐하면 《논어》는 조직의 최고 지도자 혹은 최고 지도자가 되려는 사람을 위한 책이기 때문이다.

이 말을 하는 도중에 주어가 나와버렸다. 군자(君子), 즉 군주가 주어다. 군주 된 자 혹은 군주가 되고자 하는 자가 바로 '학이시습지'의 주어다. 그렇게 되면 이제 불역열호(不亦說乎), 즉 진실로 기쁘지 않겠는가와 연결 지어 풀 수 있는 마지막 단계에 이르렀다. 참고로 '不亦~乎'는 ~를 강조하기 위한 상투적인 표현법이다. 역(亦)은 여기서는 흔히 오역하듯이 '또한'이 아니다. '역시' 혹은 '진실로', '정말로'라는 뜻이다.

어린 학생도 아니고 일반 학자도 아니고 군자가 과연 "(옛 뛰어난 이들의 애씀이나 애쓰는 법을) 배워서 시간 나는 대로 그것을 익히는 것을 진실로 기뻐할까?"

《논어》를 군주론 혹은 제왕학의 텍스트로 볼 때라야 이런 식의 질문은 생생한 활력을 갖는다. 학생들의 계몽서로, 선비 혹은 군자가 되고자 하는 자의 도덕 함양서 정도로 보는 기존의 관점으로는 이런 활력 있는 질문에 이를 수가 없다. 또한 그 질문을 던져서 얻

고전의 바다에서 지혜를 낚는 법

어내게 되는 답도 차원이 다르다.

　군주란 그 나라의 규모가 크건 작건 모든 권력을 장악한 사람이다. 가장 경계해야 할 것은 무엇일까? 교만이다. 이만하면 됐다는 어설픈 만족감이다. 이런 사람들은 새로운 것을 배우려 하지 않고 당연히 익히려 하지 않는다. 귀찮고 번거롭고 지겹기 때문이다. 여기서 문제는 더 이상 나아가려 하지 않는 지도자에게는 새로운 길을 인도해 줄 스승과 같은 신하가 가까이 갈 수 있는 여지가 없다는 사실이다. 앞으로 나아가기를 멈춰버린 지도자에게 꼬이는 것은 아첨하는 신하뿐이다. 이 같은 기로에서 다시 한번 음미해 보기를 바란다.

　(옛 뛰어난 이들의 애씀이나 애쓰는 법을) 배워서 시간 나는 대로 그것을 익히니 진실로 기쁘지 않겠는가?

　결국은 "진실로 기쁘지 않겠는가?"를 한 글자로 압축하면 호(好), "배워서 시간 나는 대로 그것을 익히니"가 학(學)이므로 《논어》란 책은 첫출발이 바로 호학(好學)이었던 것이다.

　결론이다. 지도자가 바로 이런 기쁜 마음을 진심으로 가질 때라야 새로운 길을 열어 밝혀줄 수 있는 스승과 같은 신하가 곁으로 다가올 수 있다. 이 구절의 핵심 메시지는 겸손한 마음가짐이다.

《논어》, 가벼운 트레킹이 아니라 암벽 등반하듯 올라야 하는 책

이처럼 호학의 정확한 의미를 알고 나면 황희를 스승과 같은 신하로 가까이했던 세종은 호학군주라 할 수 있지만, 스스로 임금이자 스승이라 불렀던 정조는 결코 호학군주라 할 수 없다. 이와 같이 《논어》를 제대로 이해하게 되면 역사 속 인물을 정확히 볼 수 있는 눈이 열린다. 그것도 단 한 구절만 제대로 파악해도 말이다. 이것이 고전의 힘이자 고전을 제대로 읽었을 때의 기쁨이라 하겠다. 남과는 다른 깊이 있는 안목을 갖는 일, 정말로 설레지 않는가?

《논어》에 이어 《중용》, 《대학》을 풀고 《맹자》를 읽다

나는 2007년부터 《논어》를 읽기 시작해 마침내 2012년 1,400쪽 분량의 책을 냈는데 제목은 《논어로 논어를 풀다》이다. 그것은 말 그대로 다른 해설서나 주석가의 도움을 빌리지 않고 바로 《논어》만 가지고 《논어》를 풀어냈다는 뜻이다. 실제로 90% 이상 다 풀어냈다고 할 수 있다. 그것은 앞서 상세하게 살펴본 바 있다. 그 후 사서 중에서 가장 어렵다는 평을 들어온 《중용(中庸)》에 도전했다. 이번에는 《중용》으로 《중용》을 푸는 것이 아니라 이미 풀어놓은 《논어》로 《중용》을 풀어내는 것이었다. 당연히 이 또한 해석학적 방법이다.

2013년에 펴낸 이 책은 제목도 그래서 《논어로 중용을 풀다》이다. 사서를 읽을 때 조선 시대에는 전통적인 순서가 있었다. 먼저 《대학》을 읽고 이어 《논어》와 《맹자》를 읽은 다음 《중용》으로 마무리를 했다. 이는 일반적인 사서 읽기의 순서임과 동시에 성균관의 강의 순서이기도 했다. 조금 어려운 단어들이 포함돼 있긴 하지만 조선 초 문과 시험을 준비하던 성균관 생도들의 공부 방식을 보자.

식년(式年) 과거는 반드시 오경(五經)을 통한 자라야 시험에 나아가는 것을 허락할 것이니, 마땅히 성균관으로 하여금 사서재(四書齋)와 오경재(五經齋)로 나누고 생도를 더 많이 늘리어 돈독하게 강(講)하기를 권장하게 하며, 그 시강(試講)하는 법은, 하루아침에 많이 오게 되면 비단 강문(講問)하는 것이 정밀하지 못할 뿐 아니라, 혹시는 모람(冒濫-함부로 함)의 폐단이 있을까 하니, 금후(今後)에는 생도가 대학재(大學齋)에 들어가서 읽기를 끝내면, 성균관에서 예조에 보고하고, 예조에서 대성(臺省)과 더불어 각각 한 사람이 성균관에 나아가서 함께 고찰(考察)을 가하여, 강설(講說)이 상명(詳明)하고 지취(旨趣)를 밝게 통한 자는 부서(簿書)를 만들어 성명을 기록하고 논어재(論語齋)로 올리고, 그 불통한 자는 그대로 본재(本齋)에 있게 하여 통할 때를 기다리게 할 것이며, 논어재, 맹자재(孟子齋), 중용재(中庸齋)의 고강(考講)과 승척(升陟-승급)도 모두

고전의 바다에서 지혜를 낚는 법

이 예(例)대로 하여, 중용재에서 강(講)이 끝나서 모두 통한 자는 예기재(禮記齋)로 올리고, 예기재에서 읽기를 마치면 성균관에서 예조에 보고하고, 예조에서 대성 관원과 더불어 고찰하는 것을 모두 사서(四書)의 예와 같이 하여 차례로 춘추재(春秋齋), 시경재(詩經齋), 서경재(書經齋), 역경재(易經齋)에 이르게 할 것이다.

《세종실록》 세종 23년(1441년) 7월 21일

이를 통해 우리는 일단 조선 시대 정통 유학자들의 사서오경 독파 순서는 《대학》-《논어》-《맹자》-《중용》-《예기》-《춘추》-《시경》-《서경》-《역경》임을 확인할 수 있다. 여기서 우리의 관심사는 일단 사서의 독파 순서다. 이런 순서는 어떻게 해서 생겨난 것일까?

원래 《대학》과 《중용》은 별도의 책이 아니라 《예기》 49편 중에서 각각 42번째와 31번째로 포함돼 있던 글이었다. 그러나 한나라를 전후해 이 둘은 점점 독자성을 인정받아 점점 별개의 경서의 지위를 얻게 되었고, 송나라의 주희가 이 둘에 대해 각각 장구를 나눠 풀이를 덧붙임으로써 오늘에 이르고 있다.

바로 이 주희가 사서 읽는 법을 제시했기 때문에 이후 사서를 공부하려는 사람들은 특별한 이유가 없으면 이 순서를 따랐다. 주희는 사서 중에서 《중용》을 가장 난해한 책으로 보았다. 그에 따라 읽는 순서도 가장 뒤에 두었다.

독서의 순서는 모름지기 우선 힘을 붙여《대학》을 보고 또 힘을 붙여《논어》를 보고 또 힘을 붙여《맹자》를 보아 이 세 책을 보고 나면 이《중용》은 절반은 모두 마치게 된다. 남에게 물을 필요 없이 다만 대강 보고 지나가야 할 것이요 쉬운 것을 놓아두고 먼저 어려운 것을 다스려서는 안 된다.

이 말은 곧 사서 중에서 핵심 중의 핵심을 담고 있는 책은《중용》이라는 말이다. 주희가 볼 때《대학》은 들어가는 입문서였던 것 같다.

《대학》은 하나의 빈칸이니 이제 그것을 메워 꽉 차게 해야 한다.

즉《대학》은 학문의 큰 골격을 제시하는 것으로 보면서 먼저 개요를 파악한 다음 그 내용을《논어》와《맹자》로 채운 후 그 요체를 《중용》으로 요약해야 한다고 보았던 것이다. 이는 물론 가능한 독법의 하나다.

그러나 한문에 익숙지 않은 우리로서는 갑자기《대학》을 읽으면 무슨 뜻인지 도무지 알 길이 없다. 게다가 스승도 없이《대학》을

고전의 바다에서 지혜를 낚는 법

혼자서 '탐구해 가며' 읽게 될 경우 십중팔구 옆길로 샌다. 단어 하나하나의 의미를 정확하게 이해하는 일이 쉽지 않기 때문이다. 이런 난해성은 《중용》에서도 똑같이 발견된다.

나는 주희의 권유와 달리 《논어》-《중용》-《대학》-《맹자》의 순서를 따른다. 우선 《논어》를 첫 머리에 둔 이유부터 밝혀야겠다.

첫째, 현대의 우리는 어려서부터 사서는 말할 것도 없고 《소학》, 《효경》 등과 같은 유학의 기본적인 입문서들에 전혀 익숙지 않다. 과거 조선 시대 선비들은 다양한 유학의 기초 서적들을 읽은 다음에 주희가 시키는 대로 《대학》과 《중용》을 읽어도 2~3년은 족히 걸렸다. 《세종실록》 세종 12년(1430년) 5월 18일 자에는 흥미로운 대화가 나온다. 세종이 경연에서 자신을 위해 경전을 강의하는 임무를 맡은 검토관 권채에게 "그대는 글을 읽은 지 이미 오래인데 《대학》과 《중용》에 익숙한가 그렇지 못한가"라고 묻자 권채는 이렇게 답한다.

《중용》과 《대학》은 변계량의 말을 좇아 읽은 지 3년에 이르렀고, 전년 봄부터 비로소 《논어》, 《맹자》와 오경을 읽었습니다. 그러나 신은 본시 성품이 민첩하지 못하와 정숙하지 못하옵니다.

즉 당대의 인재였던 권채는 이미 어려서부터 사서오경을 수시로 접하고, 이어 문과에 급제하기 전 성균관에 들어가 앞서 본 과정을 반복하고, 다시 관리 생활을 하면서 틈틈이 당대의 대석학 변계량의 가르침에 따라 《중용》과 《대학》을 읽었음에도 불구하고 3년이나 걸렸고, 물론 겸양의 표현이겠지만 아직도 제대로 숙달되지 못했다고 말하고 있는 것이다.

어째서 그럴까? 어쩌면 스승의 가르침에 따라 읽었지만 그것이 반드시 문리를 터득하는 수준에 이르렀다고는 할 수 없을지 모른다. 특히 《논어》가 그렇다.

《논어》는 나머지 다른 세 경서와는 성격이 다르다. 간단히 말해 나머지 세 경서는 적어도 책의 전통적인 구성법을 따르고 있기 때문에 하나하나 차례대로 따라가다 보면 내용이 논리적으로 이해되도록 되어 있다. 반면에 《논어》는 피상적으로 읽으면 잡언집 내지 잡록에 불과하다. 그러면 《대학》을 읽고 《논어》를 읽게 될 경우 《대학》에서 제시한 틀의 범위 안에서만 《논어》를 읽어내게 된다. 하지만 《논어》의 범위와 깊이는 《대학》이 따라올 수 있는 정도가 아니다. 사실 《논어》는 이미 나머지 세 경서를 다 포괄하고 있다고 해도 과언이 아니다. 그래서 극단적으로 말하면 제대로 《논어》를 이해할 경우 나머지 세 경서는 보지 않아도 무방할 정도다. 《논어》 안에 《중용》이 다루는 수기(修己)의 문제가 충분하게 나오고 《대학》이 다루는 치인(治人)의 문제도 넘칠 만큼 나온다.

오히려《논어》에서 널리 배운 다음《중용》과《대학》으로 그 핵심들을 다잡아 정리한 후《맹자》로 보충할 경우 사서의 풍부함과 다양성을 고스란히 우리 것으로 만들어낼 수 있다는 것이 나의 생각이다.

둘째, 내용적으로 보더라도 수기와 치인이 복합적으로 얽혀 있는《논어》를 다 읽고 난 경우 그다음 주제는 자연스럽게 중용(中庸)이라는 주제로 모아진다. 어쩌면 이 점 때문에라도《논어》다음에는 반드시《중용》을 읽어야 하는 것인지 모른다.

《대학》또한《논어》의 도움을 통해 풀어냈다. 사실《맹자》는 분량이 많아서 그런지 딱히 풀어내야 할 것은 없고 그저 잘 번역해서 읽으면 그만이었다. 그래서 책 제목도《논어로 맹자를 읽다》라고 붙였다. 아무리 생각해도《맹자》는 주희에 의해 그 중요성이 지나치게 과장된 책이 아닐까 하는 의심을 떨쳐버릴 수가 없었다.

식년(式年) 자(子), 묘(卯), 오(午), 유(酉) 따위의 간지가 들어 있는 해. 3년마다 한 번씩 돌아오는데, 이해에 과거를 실시하거나 호적을 조사하였다.

재(齋) 조선 시대에, 성균관에 둔 유교 경전 교과 과정 또는 전문 학과.

시강(試講) 시험을 보일 때, 시관이 응시자에게 읽은 글을 외게 하여 시험하는 일.

강문(講問) 따져서 물음.

대성(臺省) 조선 시대에, 대관과 간관을 아울러 이르던 말.

고찰(考察) 어떤 것을 깊이 생각하고 연구함.

상명(詳明) 자세하고 분명함.

지취(旨趣) 어떤 일에 대한 깊은 맛. 또는 그 일에 깃들여 있는 깊은 뜻.

부서(簿書) 관아의 장부와 문서.

고강(考講) 강경과(講經科)의 성적을 살펴서 등수를 매기던 일.

장구(章句) 글의 장과 구를 아울러 이르는 말.

수기(修己) 자신이 몸과 마음을 닦음.

치인(治人) 백성(百姓)을 다스림. 또는 그 사람.

4장

내가 생각하는
고전 읽기와
고전 번역

동서양 고전 목록을
다시 만들 것을 제안한다

아마 '고전 목록'은 한 사회의 지적 역량을 단적으로 보여주는 지표
라 할 것이다. 미국이나 유럽의 경우 몇몇 대학들이 고전 리스트를
만들어 학생들에게 반드시 읽게 하기도 한다.

　미국의 세인트존스대학교는 학생들이 4년 내내 106권의 고전
을 읽고 토론하며 글을 써내야 한다. 호메로스의 《일리아스》와 《오
디세이아》에서 출발해 아이스킬로스의 작품 4개, 헤로도토스의
《역사》를 거쳐 플라톤의 작품 11개가 포함돼 있다. 이것만 보아도
'고전'의 고른 품격이 벌써 느껴진다. 그 중요도에 따른 선정이 빛
나는 것이다. 철학, 신학, 문학, 과학의 고전들을 잘 망라한 것도 인

상적이다.

　더욱 인상적인 것은 여기에 '미국독립선언문', '미합중국헌법' 그리고 알렉산더 해밀턴 등이 지은 '연방주의자'라는 역사적 문헌들이 포함돼 있다는 점이다. 이념적으로도 편중되지 않아 카를 마르크스의 《경제철학수고》, 《자본론》 그리고 《독일 이데올로기》가 포함돼 있다. 에이브러햄 링컨의 '연설문 선집'이 있으며 심지어 '대법원 판례집'도 포함돼 있다. 103번째로 마르틴 하이데거의 《존재와 시간》이 있고, 맨 마지막인 106번째 필독 고전은 제임스 조이스의 《더블린 사람들》이다.

　고전이란 어느 한 개인이 정할 수 있는 것은 아니다. 한 사회, 한 시대의 공동 작업의 산물이다. 미국의 경우 이 대학 외에도 여러 대학에서 이 같은 고전 리스트 선정 및 읽기를 시도하고 있는 것으로 알고 있다. 그것은 곧바로 그 사회의 '교양'의 수준을 결정하기 때문이다.

　그런데 고전 목록을 정할 때 늘 문제가 되는 것은 '잣대'다. 예를 들어 세인트존스대학교의 경우 105번째로 루트비히 비트겐슈타인의 《철학적 탐구》를 포함시키고 있는데, 흔히 철학 교수들이라면 그의 초기 대표작인 《논리철학 논고》를 넣으려 할 것이다. 그러나 철학과 학생이 아니라 일반인들의 교양을 염두에 두고 둘 중 하나를 고른다면 일상 언어 철학의 길을 연 《철학적 탐구》가 적절했다. 이런 세심한 배려를 갖고서 이뤄진 이 대학의 목록을 살펴보니 부러움을 갖지 않을 수 없다.

그것은 우리네 대학들이 제시한 목록의 경직성 때문이다. 고전은 독립된 책 한 권보다 전체 목록이 매우 중요하다. 과거 회귀형 목록이 될 수도 있고, 미래 지향형 목록이 될 수도 있기 때문이다. 방금 지적한 비트겐슈타인이 바로 그런 경우다.《논리철학 논고》가 아닌《철학적 탐구》를 골랐다는 점에서 미래 지향을 느낄 수 있다.

그러면 서울대학교 교수들이 골랐다는 우리 대학의 고전 목록을 살펴보자. 서울대는 1993년 '동서고전 200권'을 발표했고 다시 2005년에 '권장도서'라는 이름으로 100권을 발표했다. 과학이나 문학 분야는 나의 판단 범위를 벗어나 있으니 동양 사상과 서양 사상만 간략하게 검토해 보자.

모두 14종이 들어 있다.《삼국유사》,《보조법어》,《퇴계문선》,《율곡문선》,《다산문선》,《주역》,《논어》,《맹자》,《대학·중용》,《제자백가 선도》,《장자》,《아함경》,《사기열전》,《우파니샤드》다.

우선 한눈에 보아도 빈약하다. 나에게《삼국유사》와《삼국사기》중 하나를 고르라면 김부식의《삼국사기》를 고르겠다. 또 세종 때 편찬된《고려사》를 뺀 것은 분량 때문인지 모르지만 이해할 수 없다. 고전 목록을 말하면서《보조법어》나《아함경》이 들어간 것 또한 고개를 갸웃하게 만든다. 목록 수가 100권 정도라면 인도의《우파니샤드》를 넣을 수 있겠지만 14종 안에 들어갈 정도로 우리에게 우선순위가 급한 책이라 할 수 없다. 오히려 일본의 《겐지 모노가타리》하나 정도는 넣어줘야 하지 않을까?《퇴계문선》,《율곡문선》,《다산문선》은 도대체 그런 제목의 책이 있다는 것인지, 아니면 그냥 그 사람들의 글 중에서 아무거나 찾아서 읽으라는 뜻인지 무성의하기 그지없다.《장자》와《노자》중에 하나만 골라야 한다면 두말할 것도 없이《노자》다.

이제 가장 문제가 심각한 부분을 이야기할 차례다. 유가에서만 《주역》,《논어》,《맹자》,《대학·중용》,《제자백가 선도》5종, 책으로는 6권이 포함됐다. 문제는《논어》,《맹자》,《대학·중용》의 사서가 고스란히 들어간 것이다. 이것은 주희의 이데올로기 체계를 무비판적으로 그대로 수용한 결과다. 한 권 한 권 선정이 중요한 것임을 감안한다면《논어》하나면 충분하다. 오히려 주자학의 보조 교과서라 할 수 있는《맹자》대신에 현실주의 유학의 고전이라 할 수 있는 《순자》를 포함시켰다면 과거 회귀형에서 벗어나 미래 지향형 고전 목록에 적합하다 할 것이다.《제자백가 선도》또한 무슨 책인지 모르겠다. 차라리《한비자》나《여씨춘추》가 훨씬 파워풀한 고전 선정이 될 것이다.《주역》의 경우에도 그냥 봐서는 읽을 수 없는 책이니 그 책을 읽을 수 있는 길을 열어준 송나라 정이천의《주역전》을 권하는 것이 친절한 태도다.

동양 사상의 경우 목록을 30~50권 정도 늘려서 중국의 고전 및 우리 역사 속의 고전들을 폭넓고 다양하게 소개했더라면 하는 아쉬움이 남는다.

이제 27종의 서양 사상 목록을 점검할 차례다. 목록을 대략 살펴보면 대체로 선정 기준이 상투적이라 깊은 고민이 없다. 지금의 관점에서는 애덤 스미스의 경우 《국부론》보다는 《도덕감정론》을 넣었어야 한다는 생각이다. 애덤 스미스는 윤리학자에서 경제학자로 나아간 경우다. 그리고 《도덕감정론》을 보면 왜 그가 윤리학적 고민을 경제학적 해법으로 풀어냈는지 그 저류에 흐르는 생각을 읽어낼 수 있다. 경제학의 역사라면 모르지만 미래를 향한 고전 목록을 선정한다는 원칙을 세울 경우 개인적 취향의 문제가 아니라 불가피한 시대적 흐름의 문제라는 점에서 《도덕감정론》이 포함돼야 한다.

의아한 것은 현대의 고전 선정이다. 마르틴 하이데거의 《존재와 시간》은 빠져 있는데 미셸 푸코의 《감시와 처벌》, 에릭 홉스봄의 4부작, 클로드 레비스트로스의 《슬픈 열대》, 아르놀트 하우저의 《문학과 예술의 사회사》, 마셜 매클루언의 《미디어의 이해》가 들어가 있다. 먼저 고백하자면 내가 《미디어의 이해》를 번역한 장본인이라 기분이 나쁘지는 않지만 이 책들은 고전이라기보다는 '준고전'일 뿐이다. 차라리 이런 책들보다는 게오르크 루카치의 《역사와

고전의 바다에서 지혜를 낚는 법

계급의식》이나 존 롤스의 《정의론》혹은 게오르크 가다머의 《진리와 방법》이나 위르겐 하버마스의 《인식과 관심》이 준고전 중에서는 그나마 20세기를 이해하는 텍스트라 할 것이다.

세인트존스대학교 목록과 비교할 때 이건 누가 보아도 품격이 떨어지는 선정이라 아니할 수 없다.

잘 읽히려면
좋은 번역이 있어야 한다

고전은 목록 선정 못지않게 중요한 것이 '표준' 번역을 제시하는 일이다. 그것은 고전 번역의 어려움과 직결돼 있다. 앞서 서울대학교는 《주역》을 추천했는데, 추천 자체는 나쁘지 않다고 여기지만 이렇게 해놓으면 과연 이 책을 제대로 소화할 수 있는 사람이 몇 명이나 될까?

《주역》과 관련된 나의 경험이 있어 그것을 중심으로 이 책의 번역 문제를 짚어볼까 한다. 《논어》를 비롯한 유가의 책들을 공부하게 될 경우 수시로 《주역》의 손길을 만나게 된다. 그뿐만이 아니라 중국이나 조선의 역사서들을 읽게 될 경우 《주역》은 큰 숙제가 아

고전의 바다에서 지혜를 낚는 법

닐 수 없다. 거기에는《주역》의 내용을 그 상황에 맞게 뽑아서 자유 자재로 활용하는 사례들이 수도 없이 나오기 때문이다.

그런데 정작 우리 현실에서는《주역》이라고 하면 점치는 책 정도로 여긴다. 그래서 궁금한 마음에 국내에서 번역된 이런저런 책들을 읽어보았으나 책마다 번역이 달라 무슨 말인지 알 길이 없었다. 거대한 벽을 만난 것이다. 서울대학교는 무슨 생각으로《주역》을 추천했는지 모르지만 이 책을 정말로 학생들이 읽기를 바란다면 그에 관한 충분한 안내를 해줘야 한다.

나는 오랜 공부 끝에 2020년 10월《이한우의 주역》이라는 책을 냈다. 이에 대한 자세한 소개는 뒤에 나온다. 간단히 말하면《주역》에는 두 개의 큰 흐름이 있다. 주희처럼 점에 관한 책으로 보는 관점이 있고, 정이천처럼 현실 역사 속의 권력관계 이론으로 보는 관점이 있다. 주희의 것을 상수역학이라 하고, 정이천의 것을 의리역학이라고 한다. 그런데 주희처럼 읽게 될 경우《주역》자체가 갖고 있는 강명(剛明-성질이 곧고 두뇌가 명석함)한 군주론은 사라지고 누구나 자기 생활에 적용해 보는 점서로 전락한다. 이는 고대의 제왕학 텍스트였던《논어》를 사대부의 심신 수련서 정도로 전락시킨 주희의 계책과 그대로 통한다. 반면에 정이천의 해석을 따라가면《주역》은 철저하게 공적이고 정치적인 영역에서 이뤄지는 임금과 신하의 권력관계에 관한 이론이자 제왕학 텍스트로서의《논어》해석과도 일맥상통하게 된다. 따라서 이런 역사적 맥락을 소개하고 주희식으로 읽을 것인지 정이천식으로 읽을 것인지를 먼저 정한 다음에 이런저런 도움을 받을 수 있는 책들을 소개하고서 《주역》을 읽어가라고 해야 고전 추천의 본래 의도를 달성할 수 있다.

이런 점에서 고전 읽기에 선행해야 할 것은 바로 번역비평이다. 번역비평을 견뎌낸 고전이라야 학생들도 쉽게 읽을 수 있고 그렇게 함으로써 고전 자체에 매력을 갖게 된다. 그런데 우리 실정에서는 번역비평이 없으니 여러 번역들 중에서 어떤 것을 읽어야 할지 과연 학생들이 가려낼 수 있을까? 번역비평이 생략된 고전 추천은 한마디로 무책임하다는 비판을 면할 길이 없다.

이어서 중요한 것은 '잘 읽히는 것'이다. 그렇다고 의무적으로 모든 학생에게 읽히는 방식이 꼭 좋은 것일까? 물론 각 학과별로 자기 학과에 해당하는 고전 10권 정도를 골라 졸업 전에 반드시 읽고 글을 써서 평가를 받도록 하는 것은 일종의 절충안으로 나쁘지 않을 것이라 여긴다.

나는 잠깐 단국대학교 인문아카데미의 교수가 되어 단국대가 실시한 인문학 프로그램을 진행한 적이 있다. 2학년부터 4학년 중에서 별도로 선발해 집중적인 인문학 프로그램을 실시하는 것이다. 반응도 좋았고 만족도 또한 높았다. 학생들이 자발적으로 참여했기 때문이다.

고전의 바다에서 지혜를 낚는 법

또한 고전을 잘 읽으려면 좋은 가이드가 있어야 한다. 사실 이 점에서 나는 망설이게 된다. 내가 지금 학교를 만들어 가르치고 있는 《논어》를 예로 들 경우, 그 책의 본래적 의미와 맥락을 학생들에게 제대로 가르칠 수 있는 사람이 우리 학계에 과연 열 명이라도 될까 의심스럽기 때문이다. 사실 다른 고전들도 사정은 크게 다르지 않다. 플라톤의 《국가》를 그리스어 원문으로 읽고 연구해서 가르칠 수 있는 교수가 다섯 명이나 될까? 이런 부분들이 개선되지 않은 채 고전 읽기라며 학생들에게 목록을 던지는 일은 자칫 '정신적 폭행'이 될 수도 있다.

고전을 읽히려는 과정에서 가장 조심해야 할 태도는 '안 읽는 것보다야 낫겠지'라는 생각이다. 제대로 읽지 않으려면 아예 안 읽는 게 훨씬 나은 것이 고전이다.

고전이란 오랜 세월을 견뎌온 책들이다. 시간과 역사와 사회의 무게를 견뎌왔다는 것은 그 안에 지금도 읽어서 얻어낼 수 있는 깊고 넓은 교훈들이 살아 있다는 뜻이다. 바로 그 깊고 넓은 교훈들을 읽어내는 것이 '제대로 읽기'다. 그러나 고전에는 수많은 오해들이 덕지덕지 붙어 있기도 하다. 고전의 안내자는 이런 곡해나 오해들을 잘 걷어내고서 학생들에게 갈 길을 열어줘야 한다. 잘 번역해야 하고 잘 가르쳐야 하는 것은 바로 이 때문이다.

5장

제왕학《대학연의》와
문장론《문장정종》을
번역하다

5년의 한문 공부와
6개월간의 번역으로 탄생한《대학연의》

앞서《조선왕조실록》에 대해 이야기하며 조선 정치사 혹은 사상사에서《대학연의》라는 책이 갖는 의의를 길게 소개한 이유는 어떻게 해서 이런 중요한 책이 우리나라 지식사회에 전혀 알려지지 않을 수 있는지를 개탄하기 위함이었다. 실은 개탄이라기보다는 분노가 일었다. 역사학자들은 무엇을 했으며 동양철학자들은 무엇을 했는가 하는 생각이 들었다. 그러나 그보다 더 간절했던 것은 어서 이책을 읽고 싶은 마음이었다. 그러나 내가 2002년 무렵 실록을 통해이런 사실을 알아가고 있을 때에는 아직 한문을 할 줄 몰랐다. 실록도 번역본을 읽고 가끔 원문을 확인해 보는 수준에 불과했다. 게다가 나는 한창 바쁜 기자 생활을 하고 있었다.

　미리 말하자면《대학연의》는 원고지로 7,500장 분량이었다. 책으로도 900쪽 짜리 상하권으로 나왔다. 그러니 한문으로 된《대학연의》를 읽는다는 것은 애당초 불가능에 가까운 일이었다. 다행히 학술기자로 있었기에 학계 여기저기에 혹시 누가 번역을 하는지를 알아볼 수는 있었다. 그러나 희망은 보이지 않았다. 간혹 그 책이 대단히 중요하다는 것은 알지만 역사와 경전을 동시에 알지 않으면 쉽게 번역하기 힘들다는 이야기를 들었다는 말만 할 뿐이었다.

　그러면 방법은 하나, 내가 직접 한문을 배워 읽어보는 수밖에 없었다. 사실 2007년부터《논어》공부를 시작한 부차적 목적 중 하나가 한문 공부였다. 일단《논어》,《맹자》,《대학》,《중용》만 제대로 읽어도 어느 정도 한문을 할 수 있지 않을까 하는 막연한 기대가 있었기 때문이다. 여기서 다음 세대 분들에게도 경험자로서 꼭 권하고 싶은 것이 있다. 간절하면 길이 열린다는 말이다. 그 길은 저절로 열리는 것이 아니라 각고의 노력이 필요하다. 그리고 그 열매는 너무나도 달다. 한마디로 이보다 기쁜 일은 없다.

　그러나 그 과정은 너무도 힘들었다. 2008년에 일단《대학연의》 원서를 구해보기로 했다. 그래서 서울 대학로에 있는 중국 원서를 취급하는 서점에 부탁했더니 두 달 만에 구할 수 있었다. 책값만 23만 원. 사실 몇 년만 기다렸으면 구글에서 얼마든지 원문을 구할 수 있었는데 말이다.

어쨌거나 원서를 구했는데 이 또한 상하 두 권이었다. 설레며 책장을 펼치는 순간 암담했다. 누런 종이에 시커먼 글자들이 전부였고 한 줄도 제대로 읽을 수 없었다. 다시 자극을 받아 한문 공부에 매달렸다. 다행히 한문 공부는《맹자》를 다 읽고 나니 상당한 진전이 있었다. 흔히 국내에서 한문 공부하는 사람들이 읽는다는《고문진보(古文眞寶)》류는 읽지 않았다. 하긴 지금 생각해 보면 그런 책들을 읽었다면 유학의 경전뿐만 아니라 다양한 장르의 글들을 폭넓게 읽고 미묘한 문장들을 많이 접해 한문 실력이 좀 더 빨리 진전될 수 있었겠다는 생각이 들기는 한다. 그러나 그것은 나의 공부 방식이 아니다. 나는 어학 공부 자체를 목적으로 하는 것은 영어나, 독일어나, 한문이나 한결같이 썩 좋아하지 않았다. 오히려 내용 위주로 하다 보면 어학은 저절로 따라오게 하는 것이 지치지 않고 즐겁게 외국어를 익힐 수 있는 효과적인 방법이라 여겼고 지금도 마찬가지다. 물론 이는 사람마다 다를 것이다.

이런 과정을 거쳐 2012년까지《논어》,《중용》,《대학》,《맹자》 공부를 마칠 수 있었고 그 사이 틈만 나면《대학연의》원서를 뒤적거리는 일 또한 반복됐다.

그러던 2013년 5월 어느 날 베란다에서《대학연의》원서를 펼쳐 읽는데 거짓말처럼 한문들이 눈에 들어오는 것이 아닌가. 유례

고전의 바다에서 지혜를 낚는 법

카의 기쁨이 이랬을까? 그 무렵 지금은 여주대학교에서 봉직하고 있는 박현모 당시 한국학중앙연구원 교수가 세종 시대에 구결을 붙여서 읽었던《대학연의》판본을 구해주었다. 그나마 띄어쓰기를 참고할 수 있는 소중한 자료였다. 이 자리를 빌려 박 교수에게 깊이 감사를 전한다.

사실 그렇다고《대학연의》원문이 다 잘 읽힌 것은 아니었다. 그럭저럭 70% 정도 이해될 뿐이었다. 그런데 나는 이미 독일철학을 공부할 때 그 정도면 사전과 자료를 읽어가며 얼마든지 번역할 수 있다는 경험을 갖고 있었다. 당장 파일을 열고 흥분을 눌러가며 한 자 한 자 번역을 시작했다. 정말로 출근하기 전, 퇴근 후 그리고 주말을 몽땅 쏟아부었다. 번역은 11월 말에 끝났다. 원고지 7,500장을 여섯 달 반 만에 끝낸 것이다. 스스로도 믿기지 않았다.

첫 쪽을 번역하던 날의 충격은 지금도 생생하다. 이 책은 경전에서 원문을 짧게 인용하고 진덕수가 풀이를 하는 것이 전반부를 이루고, 이어서 역사책에서 그에 해당하는 원문을 짧게 인용하고 그가 풀이를 하는 것이 후반부를 이룬다. 즉 어지간한 경전이나 역사책의 인용은 국내에서 번역서를 찾을 수가 있으니 최대한 참고를 한 다음에 진덕수 자신의 풀이를 고스란히 한문에서 옮겨 와야 했다. 그런데 하나씩 하다 보니 그의 풀이 자체가 최고의 경전 공부이자 역사에 대한 관점 훈련임을 알 수 있었다. 아마도 이런 기쁨이 있었기에 그 두꺼운 책을 여섯 달 반 만에 끝낼 수 있었을 것이다.

첫 쪽 번역 때의 일이다. 《서경》 요전(堯典)에서 요(堯)임금의 자질과 능력을 넉 자로 "흠명문사(欽明文思)"라고 표현했다. 이는 중국에서 옛사람들이 사람을 평하던 넉 자 인물평의 원조 격이기도 하다. 예를 들어 태종은 세종을 세자로 정하면서 "충녕은 관홍장중(寬弘莊重)하니 왕위를 맡을 만하다"고 말했다. 이 유래가 요임금부터였다. 문제는 이 한 자 한 자의 뜻을 정확히 새기는 것이다. 진덕수는 이 '흠명문사'를 다음과 같이 풀어냈다. 이는 앞으로 《논어》를 제대로 풀어가는 데도 많은 시사를 던져준다는 점에서 꼭 주목해 두어야 한다.

요임금의 제왕다움을 말하는 것입니다. 흠(欽)이란 삼가지 않음이 없다는 뜻이고, 명(明)이란 환하게 밝히지 않음이 없다는 뜻이며, 문(文)이란 (꽃부리) 안에 잠재되어 있던 것을 밖으로 멋지게 드러내 보여주는 것이고, 사(思)는 뜻하고 생각하는 바가 깊고 멀다는 것입니다.

경어체인 이유는 《대학연의》란 책이 진덕수가 송나라 황제에게 제왕학을 가르치기 위해 경서(經書)와 사서(史書)를 인용한 다음 그것을 풀어낸 것이기 때문이다. 진덕수에게 《대학》은 곧 제왕학이

고전의 바다에서 지혜를 낚는 법

다. 다시 본론이다. 여기서 진덕수는 명확하게 "문(文)이란 (꽃부리) 안에 잠재되어 있던 것을 밖으로 멋지게 드러내 보여주는 것"이라고 말하고 있다. 이는 형이상 문(文)을 전형적으로 형이중 차원에서 풀어낸 것이다. 내가 5년간 《논어》를 공부하며 끝에 가서야 겨우 찾아낸 애씀으로서의 문을 진덕수는 영화지발현(英華之發見)이라는 한마디로 정리해 내고 있었던 것이다.

이런 사례는 수없이 많은데 그중에서 특히 진덕수에게서 배운 기초 개념 두 가지만 언급하겠다. 첫째는 천리(天理) 혹은 천도(天道)라는 말을 많이 쓰는데, 진덕수는 단호하게 "하늘은 비유다"라고 풀이했다. 이렇게 되면 천리는 하늘의 이치보다는 하늘과도 같은 이치라고 번역해야 한다. 그렇게 되면 강조점이 하늘이 아니라 이치에 놓인다. 천도 또한 마찬가지다. 둘째는 물(物)이다. 다 그런 것은 아니지만 대부분 물은 일이라고 풀었다. 그래서 격물치지(格物致知)의 물 또한 사물을 파악하는 것이라기보다는 일을 바로잡는 것이다. 그렇게 이해하는 순간 기존의 모호했던 동양 고전의 텍스트들이 쉽고 명확하게 다가왔다.

그러나 아쉬움도 있다. 《대학연의》를 당장 읽고 싶은 마음이 너무도 커서 다소 무모하게 달려들었기에 요즘 다시 읽어보니 번역에 틀린 곳들이 제법 있음을 확인하고 있다. 나는 2016년 조선일보를 그만두고 논어등반학교를 시작해 해마다 두 기수를 길러냈다. 그런데 1년 과정의 《논어》를 마치고 나니 수강생들 중 상당수가 이 분야 공부를 계속하고 싶다고 하여 2018년부터 《대학연의》를 원문으로 읽는 강좌를 열었다. 지금도 매주 토요일 오전에 계속하고 있는데 이제 절반을 조금 넘겼다. 꼼꼼히 읽고 다시 강의 준비를 하며 각종 자료를 비교해 보니 바로잡아야 할 곳이 한두 곳이 아니었다. 물론 그 사이에 한문 실력이 는 때문이기도 할 것이다. 그러나 당시에는 중국 역사 분야에 대한 공부가 많이 부족했다. 그래서 2021년 말쯤 강독이 끝나고 나면 원문을 덧붙이고 보다 상세한 주석을 첨가한 개정판 《대학연의》를 펴낼 계획을 갖고 있다.

그럼에도 생애 최초의 한문 책 번역에 도전하게 해준 《대학연의》라는 책에 대한 고마움을 평생 간직하게 될 것이다. 어둠을 다 밝히지는 못했어도 동양 고전을 향한 넓은 시야를 갖게 해준 스승과도 같은 책이기 때문이다.

진덕수의 글에 빠져 《심경부주》를 번역하다

깊은 여운, 내가 진덕수의《대학연의》를 내고 나서 느껴야 했던 감정이다. 한편으론 기뻤지만 한편으론 이런 책을 이제야 알았구나 하는 아쉬움 또한 컸다. 또한 다음 세대에게는 우리 세대와 같은 동양 정신의 빈곤을 물려줘서는 안 되겠다는 일말의 책임감마저 생겼다. 어차피 기존의 동양학자들은 관심도 두지 않는 일이었기에 더욱 그랬다.

또 한문에 대한 약간의 자신감도 생겨났다. 앞서 말한 것처럼 지금 와서 보면《대학연의》번역에 아쉬움이 많지만 그때로서는 뭔가를 처음으로 해냈다는 자부심 또한 컸음을 솔직히 고백한다. 이런저런 책을 뒤져봤지만 성에 차는 책이 없었다. 그래서 일단 진덕수의 다른 책들을 찾아보기로 했다. 그러다가 알게 된 책이 《심경부주(心經附註)》라는 책이다. 찾아보니 다행히 이 책은 국내에 몇 종의 번역이 있었다.

그러나 나는 이미 사서를 번역하며 좀 더 순수한 우리말로 정확하게 번역하는 것의 중요성을 깨닫고 몇 개는 실천에 나선 바 있다.

예를 들면 덕(德)은 나는 대부분 '다움'이라고 옮긴다. 그래서 임금이 "부덕(否德)의 소치다"라고 하면 그대로 옮기지 않고 "내가 임금답지 못해 이런 일이 생겼다"라고 풀어낸다. 물론 그냥 은덕, 덕택의 뜻일 때는 그대로 옮긴다. 사람이 갖춰야 할 덕일 경우에만 다움으로 옮긴다.

또 경(敬)은 아주 예외적인 경우에 '공경하다'로 옮기고 대부분은 '삼가다'로 옮긴다. 대신 신(愼)은 그냥 '조심하다' 정도로 옮긴다. 공(恭)은 '공손하다'로 옮긴다. 이는 유학의 텍스트 전체에서 차지하는 경의 중요성 때문이다. 사양하는 것과 공손한 것은 모두 삼감의 드러난 표현이나 행동이다. 그만큼 중요한 것이 경이다.

의(義)의 경우에도 '뜻' 혹은 '의리상으로'로 옮겨야 할 때를 제외하고는 일관되게 '마땅함'으로 옮긴다. 특히 이를 다짜고짜 정의(正義)로 옮긴 번역을 보면 참을 수가 없다. 오역의 정도가 너무 심하기 때문이다.

고전의 바다에서 지혜를 낚는 법

그리고 또 있다. 성(聖)은 '빼어나다'로 옮기고, 현(賢)은 '뛰어나다'로 옮긴다. '어질 현(賢)'은 한문 원문을 조금만 읽을 줄 알아도 틀린 번역임을 쉽게 알 수 있다. 또 빼어나다나 뛰어나다로 옮겨야 좀 더 현실감이 있고 누구나 도달할 수 있는 경지가 된다.

총명(聰明)을 그냥 총명이라고 옮겨서는 이 두 글자가 리더십 이론으로서의 유학에서 차지하는 위상을 제대로 알 수 없다. 게다가 지금은 초등학생들에게나 쓰는 말 아닌가? 그러나 임금의 귀 밝음과 눈 밝음이라는 차원에서 보면 결코 총명이라고 옮겨서는 안된다. 예를 들어 임금의 귀 밝음을 상총(上聰)이라 한다. 그것을 그냥 '상총'이라고 하면 누가 알아들을까?

이처럼 문리(文理)가 트이니 뜻을 음미하며 한 글자 한 글자 우리말로 옮기는 일이 너무도 재미있었고 보람도 컸다. 어쩌면 이럴 때 진덕수가 먼저 짓고 거기에 추가로 정민정이 주석을 단《심경부주》란 책을 만난 것은 큰 행운이었다. 동양철학에서 자주 만나게 되는 기초 개념들을 보다 튼튼히 할 수 있는 기회가 됐기 때문이다. 2014년 말부터 매달려 2015년 11월에 펴낸《심경부주》의 들어가는 말의 일부다.

이 책은 송나라 정치가이자 유학자인 서산(西山) 진덕수(眞德秀, 1178~1235)가 편찬하여 원주(原註)를 붙인《심경》에 명나라 학자 황돈(篁墩) 정민정(程敏政, 1445~1499)이 부주(附註)를 추가한《심경부주》(이하 '심경'으로 약칭)를 우리말로 풀어 옮긴 것이다. 옮긴이 개인의 공부 행적으로 보자면 진덕수의《대학연의》를 2014년 번역한 데 이은 진덕수 저서의 두 번째 번역인 셈이다. 동시에 올해 초 일단 작업을 마친 사서 풀이 작업을 마음의 측면에서 새롭게 정리해 본다는 의미도 있다.

이 책을 번역하면서 가진 느낌은 생생함 그 자체였다. 1천 년이 지난 지금 읽어도 사람의 마음에 관해 이처럼 생생하게 잘 정리한 책은 본 적이 없었기 때문이다. 특히 20년 전쯤 길버트 라일의《마음의 개념》을 번역한 적이 있는 옮긴이로서는 동양에 이런 책이 있었고, 또 조선의 선비들이 그처럼 애지중지했다는 사실이 놀랍기도 하고 부끄럽기도 했다. 그것은 단순히 유학자들의 마음관을 보는 데 그치는 것이 아니라 인간 일반의 마음에 대한 개념을 파악하는 데 살아 있는 교과서라 할 만하다. 이 책의 내용에 대한 소개는 일단 이 정도에서 그치고자 한다.

자료를 조사해 보니 이미 국내에는 다섯 종류의 '심경'이 번역돼 있다. 석당전통문화연구원의《국역 심경》(동아대학교출판부, 1987), 이원주의《중재 이원주 교수 유고집(하)-국역 심경》(중재이원주교수추모사업회, 1994), 최중석의《역주 심경부주》(국학자료원, 1998), 성백효의《역주 심경부주》(전통문화연구원, 2002), 그리고 가

고전의 바다에서 지혜를 낚는 법

장 최근에 가장 체계적으로 조선 학자들의 주석까지 포함시킨 이광호 외의 《국역 심경주해 총람(상·하)》(동과서, 2014)이 그것들이다. 아마도 이것들은 한학 혹은 한국철학이나 동양철학계 내에서는 서로 통하는 번역 방식인지는 몰라도 2015년 현재 대한민국 언어 체계와는 전혀 조화될 수 없는 언어를 사용하고 있기 때문에 옮긴이는 다시 한번 '심경' 혹은 '심경부주'를 풀어 옮길 필요를 느꼈다. 이들 번역서들이 공통적으로 안고 있는 문제점들에 대한 비판적 지적은 생략한다. 대신 첫 구절에 대한 주요 번역서들의 번역 정도와 옮긴이의 번역을 잠깐 비교해 볼까 한다. 석당전통문화연구원과 이원주의 번역본은 검토 대상에서 제외한다.

먼저 최중석의 번역이다.

帝曰, 人心惟危, 道心惟微, 惟精惟一, 允執厥中

황제가 이르되, 인심(人心)은 오직 위태롭고, 도심(道心)은 오직 은미하다. 오직 정밀하게 살피고, 전일하게 지켜서, 그 중을 잡으라. (1998년)

그다음은 성백효의 번역이다.

帝曰 人心惟危하고 道心惟微하니 惟精惟一이라야 允執厥中하
리라

舜임금이 말씀하였다.
"人心은 위태롭고 道心은 미묘하니 精하게 살피고 한결같이 지켜
야 진실로 中道를 잡을 것이다." (2002년)

이광호 등의 번역이다.

순임금이 말하였다. "인심(人心)은 오직 위태롭고 도심(道心)은 오
직 은미하니, 오직 정밀하게 살피고 오직 한결같이 지켜야 진실로
그 중(中)을 잡을 것이다."

帝曰 "人心惟危, 道心惟微, 惟精惟一, 允執厥中" (2014년)

20년 가까운 시간 동안 번역의 개선 작업이 이뤄진 것 같기도 하
고 그렇지 않은 것 같기도 하다. 이제 옮긴이의 번역을 소개하겠다.

순임금이 말했다. "사람의 마음이란 오직 위태위태한 반면 도리의
마음은 오직 잘 드러나지 않으니 (그 도리를 다하려면) 정밀하게 살

피고 한결같음을 잃지 않아 진실로 그 적중해야 할 도리를 잡도록
하여라."

帝曰 人心惟危 道心惟微 惟精惟一 允執厥中
제왈 인심유위 도심유미 유정유일 윤집궐중

　기초적인 개념부터 문장 구성까지 기존의 한문 번역이 갖고 있
는 문제점이 무엇인지를 한 번쯤 다시 생각해 보는 계기가 되기를
바란다.

　이제 옮긴이의 '심경' 번역이 갖는 의미에 대해 몇 가지 언급하
는 것으로 들어가는 말을 갈음할까 한다.

　첫째 옮긴이는 지금 진덕수의 저술들을 우리말로 옮기는 일련
의 작업을 진행 중이다. 1차로 《대학연의》가 끝났고 이번에 '심경'
을 마쳤으며 앞으로도 진덕수의 《문장정종(文章正宗)》, 《서산독서
기(西山讀書記)》로 이어지는 번역 작업을 계속 해나갈 예정이다. 이
작업은 실은 이미 완성된 '사서' 풀이에 이어 향후 진행될 '삼경' 풀
이와도 깊이 연결돼 있다. 이런 맥락에서 '심경'을 풀어내는 작업은
무엇보다 사서 중에서도 《중용》과 《맹자(孟子)》를 보다 정확하게
이해하는 길잡이를 제공해 주었다고 할 수 있다.

　그러나 이에 못지않게 중요한 의미는 한국 사람이라면 누구나

알 수 있는 용어로 '심경'을 풀어냈다는 점일 것이다. 한 가지 예를 들어보겠다. 지금도 그냥 '天理'라고 쓰고서 한글은 아예 쓰지 않는 번역들이 있고 조금 낫다는 것이 '천리(天理)'다. 그리고 여기서 조금 나아가면 '하늘의 이치'다. 이 경우 옮긴이는 더 풀어내어 '하늘과도 같은 이치'라고 옮긴다. 이렇게 되면 중심점이 '天'이나 하늘에서 '理', 즉 이치로 이동한다는 점을 알 수 있을 것이다. 억지 조어를 통한 순우리말 철학을 하자는 것이 아니라 한자의 원뜻에 가장 가까운 것을 그 문맥 속에서 찾아내어 정확하고 쉽게 번역하자는 것이 옮긴이의 일관된 번역 지침이다.

이런 번역을 하는 이유는 한 가지다. 그렇게 해야만 '심경'은 더 이상 소위 전문가들의 탁상공론에 갇히지 않고 많은 이들이 읽고 도움을 얻을 수 있는 교양 도서의 하나로 재탄생할 수 있기 때문이다. 그래서 부제도 그 뜻을 현대에 맞도록 옮겨와 '마음을 다스리는 법'이라고 정했다.

참고로 조선 시대 때 큰 인기를 끌었던 이 책의 내력에 대해서는 앞서 언급했던 《국역 심경주해 총람》과 더불어 홍원식 외의 《조선 시대 심경부주 주석서 해제》(예문서원, 2007)를 참고하기 바란다.

한문 원문 노출은 번역서답게 가능한 한 줄였다. 따라서 사서삼경 등의 인용 부분에만 원문에 우리말을 덧붙여 노출했고, 원주(원래의 주석)와 부주(덧붙인 주석)의 원문은 생략하고 번역문만 노출했

다. 다만 핵심 개념이나 독자들이 궁금해할 만한 부분은 [ ] 표시를
통해 원문을 달아주었다.

이 책을 읽는 법은 그다지 어렵지 않다. 진덕수는 사서삼경 중
에서 마음을 다스리는 법과 관련된 주옥같은 구절을 고르고 뽑은
다음 원주를 달았다. 여기서 우리는 무엇보다 진덕수의 취사선택
하는 안목을 배워야 한다. 거기에는 사서삼경에 통달했던 진덕수
의 학식이 처음부터 끝까지 뒷받침되고 있기 때문이다. 그러고 나
서 정민정의 부주가 따라온다. 잘 읽어보면 알겠지만 원주와 부주
는 듬성듬성한 것 같아도 일관된 흐름을 형성하고 있다. 이 같은 흐
름을 찾아내는 데 이 책을 읽는 또 다른 즐거운 묘미가 숨어 있다고
하겠다.

옮긴이는 나름의 계획에 따라 이 책을 옮기게 됐다. 그 계획이
란 진덕수의 사상 체계를 이 땅에 소개하는 것이다. 사실 조선 시대
지식층은 너 나 할 것 없이 진덕수의 책을 접하지 않을 수 없었다.
국왕을 비롯한 지배 계층은 《대학연의》를 읽었고, 퇴계 이황 이후
이 땅의 선비들은 그가 주요 경전에서 발췌하여 재구성한 《심경부
주》를 필독서로 삼았다.

그렇다고 지금 조선 선비의 입장이 되어 이 책을 읽어야 한다
는 말은 아니다. 첫째는 조선 선비들의 정신세계가 궁금했기에 이
책을 옮기게 되었고, 둘째는 옮기는 과정에서 이 책이 현대인들에

게도 단 한 자 빼지 않고 적용될 수 있다는 것을 알게 되었다. 원주와 부주가 있기는 하지만, 결국 정민정의 부주는 진덕수의 원주를 따르려 했다는 점에서 크게 보면 하나의 정신이 지배하는 책이라 하겠다.

단도직입적으로 말하면 현대의 한국인들이 이 책을 많이 읽었으면 한다. 그것은 역사 기행임과 동시에 동시대인들의 심리 구조에 대한 탐색이 될 것이다.

정민정(程敏政, 1445~1499)은 명나라 휘주부 휴령 사람으로 자는 극근(克勤)이다. 선조들의 세거지(世居地-대대로 살고 있는 고장)가 황돈(篁墩)이었으므로 황돈을 호로 삼았다. 관직이 예부우시랑 겸 시독학사에 이르렀다.

원고지 2만 2,000장 분량의 《문장정종》 번역에 나서다

계획한 대로 2015년 말부터 《문장정종》 번역에 나섰다. 분량이 원고지 2만 장을 훌쩍 넘은 데서 알 수 있듯이 시작할 때만 해도 3~5년 정도 잡고 시작한 일이었다. 그리고 사실 문장에 관한 책이니 리더십을 다루는 《대학연의》만큼 재미있는 작업이 될 수 있을까 하는 의구심도 있었다. 그러나 역시 진덕수는 조금도 실망시키지 않았다.

나는 평생 철학책을 번역하고 신문기사를 썼으니 글쓰기를 업으로 하고 살아왔다. 그럼에도 글을 쓰고 나면 모자람이 남았다. '좀 더 잘 쓸 수 있었을 텐데'라는 아쉬움이 없었던 적이 없다. 그러

나 900년 전에 나온 《문장정종》 번역이 끝나갈 때쯤에는 글에 대한
두려움이랄까 공포심이 싹 사라졌다. 좋은 글과 그렇지 못한 글의
차이에 대한 진덕수의 명료하면서도 깊이 있는 강의가 수없이 이어
졌기 때문이다. 먼저 아직 출간되지는 않았지만 내가 써놓은 들어
가는 말부터 읽어보자.

이 책은 중국 송나라 정치인이자 대학자인 진덕수(眞德秀, 1178~
1235)의 문장론 《문장정종》을 우리말로 옮긴 것이다. 개인적으로는
《대학연의》, 《심경부주》에 이어 세 번째로 진덕수의 책을 옮긴 것
이다. 앞의 두 책은 각각 조선 시대 왕실의 필독서이자 조선 선비들
의 마음 수양서로서 크게 사랑을 받았던 책인 반면에 《문장정종》은
높은 평가에 비해 아주 널리 읽혔던 책은 아니었다. 조선 시대 이
책이 어떤 평가를 받았는지를 살펴보기에 앞서 먼저 진덕수란 어떤
인물인지를 간략히 살피는 것이 순서이겠다.

(중략) 그의 저서로는 《대학연의》, 《심경》 그리고 이번에 옮긴
《문장정종》 이외에도 《서산독서기》가 유명하다. 《서산독서기》는
유학의 기초 개념 50여 개를 개념사적으로 풀이한 대작이다.

옮긴이는 진덕수를 정치 실무와 문장에 동시에 능했던 인물이
라는 점에 주목해 계속 그의 책을 번역하고 있다. 현실과 괴리된 문
장, 이론과 상상력이 배제된 현실 정치. 우리의 고질병이기도 한 이

고전의 바다에서 지혜를 낚는 법

두 가지 문제에 대한 통합적 해법이 어쩌면 진덕수의 사상에 잠재해 있으리라는 기대감 때문이다.

율곡 이이의 《성학집요(聖學輯要)》의 모델이 된 《대학연의》가 특히 조선 초기 경세가들의 필독서였다면, 그의 《심경부주》는 이황이나 이이는 말할 것도 없고 조선 중기 이후 선비나 유학자의 마음 수양을 위한 필독서였다. 그렇다면 《문장정종》은 조선의 선비들에게 어떤 책이었을까? 우선 이 점부터 짚고 나서 그 책의 내용에 대해 소개하는 것이 우리나라 독자들을 위한 친절한 순서라 하겠다.

《대학연의》가 고려 말에 신진사대부를 중심으로 널리 읽히며 새로운 나라 조선을 건설하는 이론적 지주 역할을 했음을 감안하면 《문장정종》 또한 사대부들 사이에서 읽혔다고 볼 수 있다. 기록상으로 《문장정종》이 처음 등장하는 것은 세종 10년(1428년) 11월 12일 자 《조선왕조실록》에서다. 이날 세종은 경연에서 좌대언 김자(金赭)에게 이렇게 말한다.

《문장정종》과 《초사(楚辭)》 등의 서적은 공부하는 사람은 불가불 알아야 하니 주자소로 하여금 이를 인행(印行)하게 하라.

이를 보면 《문장정종》은 이미 조선 초부터 국내에 들어와 있었음을 알 수 있다. 눈여겨봐야 할 점은 세종이 이 책을 《초사》와 함께 언급하고 있다는 사실이다.《초사》는 고대 중국 남방 시가의 대표작들을 담고 있는데 굴원(屈原)의 작품이 대표적이다. 당시 이 두 책은 적어도 한문 문장론을 공부함에 있어 필독서였음을 세종의 '불가불 알아야 하니'라는 말에서 확인할 수 있다.

보다 흥미로운 기록은 임진왜란이 끝나고 나서 선조가 내린 비망록이다. 많은 비판의 대상이기는 하지만 선조는 적어도 문기(文氣)에 있어서는 조선 임금을 통틀어 세 손가락 안에 들어가는 인물임이 분명하다는 점에서 그의 말은 특히 문장론의 맥락에서 대단히 중요하다.

전에 한(韓-한유), 유(柳-유종원), 구(歐-구양수), 소(蘇-소식)의 문장을 골라 뽑으라고 전교했었다. 후세에도 물론 많은 문장가들이 배출되어 글이 없는 걱정이야 하지 않아도 되었다. 그러나 글이 많아질수록 의견도 더욱 갈라져 마치 보석 상점을 구경하듯 현란하고, 태산에 노닐듯 천 갈래 만 갈래의 길이 있게 되었다. 그리하여 사람들이 바른길을 지향하여 한마음으로 진취하지 못하게 되었으니 이것이 문장이 옛만 같지 못한 이유이다. 지금 네 사람의 문장만을 취한 이유가 바로 이점에 있는 것이다. 문(文-글)은 하잘것없는 지푸라기 같은 것이고, 시는 더욱 하잘것없는 것이다. 그러나 우리나라로서는 중국을 섬겨야 하고 중국 사신을 접대해야 하니 문을

고전의 바다에서 지혜를 낚는 법

하찮게 여길 수 없고 시도 외면할 수 없다. 나는 또 이한림(李翰林
-이백)과 두공부(杜工部-두보)의 시를 정밀하게 가려서 그 아래에
편입했으면 한다.

또 우리나라 사람들은 책에 주각(註脚-각주)이 없으면 알아보기가
어렵다. 더구나 외진 시골의 별로 배움이 없는 사람들이야 어떻게
읽는 곳마다 칼날에 대나무 쪼개지듯 환히 알 수가 있겠는가? 한
(韓), 유(柳)는 본디 주각이 있지만 구(歐), 소(蘇)는 주각이 있는지
잘 모르겠고, 이(李), 두(杜)도 본디 주각이 있으나 두시(杜詩)는 소
보(邵寶)의 주각을 기록하는 것이 좋겠다. 시인 가운데 고금에 명
성을 울린 자들은 대대로 빛이 나지만 내가 이와 두만을 취한 것은
또한 문에서 네 사람만을 취한 뜻과 같은 것이다.

경들이 함께 상의하여 주각을 쓸 것인지 안 쓸 것인지와 이와 두의
시를 편입시킬 것인지 단지 네 사람의 문장만을 뽑을 것인지를 나
의 말에 구애받지 말고 소견대로 하도록 하라. 또 이 책이 한번 나
오게 되면 혹 기뻐하는 자들도 있을 것이다. 따라서 책 이름은《문
장종범(文章宗範)》이라 하고 싶다. 이는《문장정종》과《문장궤범
(文章軌範)》두 책의 요점을 모았다는 뜻이다. 간소(刊所)를 열어
책을 인출하여 개인적으로 구해 볼 수 있도록 준비하고 아울러 문장
을 배우려는 사람에게도 보여주었으면 한다. 가능할지 모르겠다.

여기서 《문장궤범》이란 남송의 사방득(謝枋得)이 편찬한 책으로 초학자가 모범으로 삼아야 할 문장 69편이 수록돼 있다. 당시 조선의 식자들이 문장을 훈련하는 책이었다. 흥미로운 것은 문장에 뛰어났던 선조가 이 둘을 합쳐 《문장종범》을 편찬하고 싶어 했다는 사실이다.

조선 중기의 정치가이자 대문장가인 상촌(象村) 신흠(申欽, 1566~1628)은 자신의 문집 《청창연담(晴窓軟談)》에서 이렇게 말한다.

나는 《문장정종》이 나온 이후로 위응물(韋應物)의 시를 무척 사랑했다.

즉 당나라의 자연시인 혹은 산수시인으로 유명한 위응물의 가치를 《문장정종》을 통해 발견하게 됐다는 것이다.

이런 점을 볼 때 문장을 배척하고 도리를 앞세웠던 성리학자들이 득세하게 되는 조선 중기 이후에는 《문장정종》이 그다지 사랑을 받지 못했지만 그 이전까지는 최고의 문장 교과서였음을 쉽게 추론할 수 있다. 사실 왕권(王權)보다 신권(臣權)을 중시하는 성리학자들의 정치적 성향으로 인해 태종이나 세종의 제왕학 교재였던 《대학연의》도 조선 후기에는 은근한 배척의 대상이었다. 다만 《심경부주》는 성리학자들에게도 널리 읽혔다. 진덕수의 이름 석 자는 이처럼 우리의 조선 정치사상사와도 깊숙한 연관을 맺고 있다.

그렇다면 《문장정종》이란 어떤 책인가? 진덕수는 당시까지 중
국에 전해져 오는 문장들 중에서 바른 원류가 될 만한 것들을 모두
가려 뽑겠다는 포부를 갖고서 그것을 사명(辭命), 의논(議論), 서사
(敍事), 시부(詩賦)로 나눠 자신이 고른 좋은 글과 시들을 각 범주에
맞게 배열하고 필요에 따라 짤막한 자신의 평을 덧붙였다.

사명에는 임금과 신하의 명령 및 건의 등이 집중적으로 실려 있
고, 의논은 임금과 신하가 일정한 격식 없이 편하게 주고받은 정사
에 관한 이야기들을 담고 있다. 여기에서 보듯 진덕수가 생각한 문
장이란 오늘날 문학가들의 문장이 아니라 경세를 위한 실무적인 문
장들을 우선시하고 있다. 그 뒤에 한 사람이나 시대를 서술한 서사
가 나오고, 맨 끝에 시가 실려 있는데 이 시들도 유가의 도덕에 도
움을 줄 만한 것들을 집중적으로 뽑았다는 점에서 문학의 문장론과
는 거리가 멀다고 하겠다.

오히려 문학의 문장론의 전범은 뒤에 상세하게 풀이해 놓은 바
와 같이 양나라 소명태자 소통(蕭統)이 편집한 《문선(文選)》이다.
다행스럽게도 《문선》은 《문선역주》(김영문 외 옮김, 소명출판)라는
이름으로 국내에 번역돼 있다. 조선 시대의 우리 문장 선집 《동문선
(東文選)》은 바로 이 《문선》을 염두에 두고서 우리 실정에 맞도록
찬집된 책이다.

이로써 중국의 대표적인 문장 선집 두 가지가 모두 국내에 소개되는 셈이다.

그러면 왜 지금 우리는《문장정종》을 읽어야 하는가? 이 물음은 옮긴이가 이 책을 옮기려 했던 이유와 겹쳐 있다.

첫째, 두말할 것도 없이 중국의 부상이다. 인접 국가로서 두려워할 일만은 아니다. 오히려 그들의 문화적 깊이를 먼저 파악한다면 우리의 길도 열린다. 이런 믿음으로 그동안 우리말로 번역되지 않았던《대학연의》에 뛰어들었고 이번에 다시 무모한 도전을 했다. 이런 도전은 계속돼야 한다. 피상적인 중국 고전 몇 권 읽고서 상대할 수 있는 단계는 훨씬 지났다. 다음 세대가 혹은 그다음 세대가 중국과 상대하여 우호적이면서도 든든한 유대와 긴장을 맺어가는 데 도움이 되고 싶었던 것이다.

둘째, 이 책은 문장론, 특히 일반적으로 생각하는 문학의 문장론과는 거리가 멀다. 그렇다고 성리학적인 문장론이라고 할 수도 없다. 옮긴이가 이 책에 주목하는 이유는 그의 편집 방식과 수준이다. 여기에는 말 그대로 문사철(文士哲)이 조금의 간극도 없이 한데 어우러져 있다. 서양철학에서 출발해 조선사를 거쳐 중국 고전과 씨름하고 있는 옮긴이로서는 참으로 의미 있는 작업이 아닐 수 없었다. 통섭이니 융합이니 하지만 역사와 철학과 문학을 각자 조금씩 하다가 억지로 합친다고 해서 통섭이 될 리 없고 융합이 될 리 없다. 그런 점에서 서양과 동양의 만남이라는 의미 또한 이 책에 녹아 있음을 독자들이 알아주었으면 좋겠다.

여기서의 문장은 굳이 표현하자면 현실 속의 문장론이다. 놀라운 것은 옛 중국인들이 현실이라는 난제 앞에서 부단히 노력하고 애쓰며 그 속으로 파고들었고 그 찬란한 결과물들이 절절한 문장으로 표현됐다는 사실이다. 다만 그 같은 절절함이 옮기는 과정에서 얼마나 함께 옮겨졌는지에 대한 두려움이 따른다.

셋째, 우리 사회에는 글쓰기에 관한 책들이 넘쳐 난다. 글쓰기의 중요성을 깨닫고서 글쓰기에 관심을 갖는 것은 환영할 만한 일이나 그에 어울리는 좋은 글쓰기 책이 있다는 소리는 못 들어보았다. 글쓰기란 생각만큼 쉬운 일이 아니다. 이런 맥락에서 진덕수의 이 책은 우리로 하여금 글쓰기란 과연 무엇이며 또 글은 무엇인지, 그래서 좋은 글을 쓰기 위해서는 어떻게 해야 하는지를 당시의 척도에서 가장 좋은 글들을 한데 모음으로써 한눈에 글쓰기의 전범을 제시하고 있다. 그것은 한문이었기에 조선 시대 내내 글쓰기의 스승 역할을 했지만 우리말로 잘 옮겨놓았을 때도 여전히 글쓰기의 스승 역할을 할 수 있다고 판단했기에 이 방대한 분량의 번역을 감행한 것이다.

넷째, 지난 100년 가까이 사실상 공백지대 혹은 무풍지대에 가까웠던 한문 번역에 조금이라도 의미 있는 바람을 불러일으키고 싶었다. 아무도 읽을 수 없고 이해할 수도 없는 번역은 번역이 아니다. 이 책에는 고대 춘추 시대부터 당나라 때에 이르기까지 진덕수의 눈으로 볼 때 가장 좋다고 하는 문장들이 총망라돼 있다. 따라서 일일이 밝힐 수는 없지만 상당 부분은 국내에 이미 번역돼 있는 책들에서 뽑은 것도 많았다. 그 덕분에 본의 아니게 원문과 번역문의 대조 작업을 많이 했는데, 솔직히 지금 우리 한문 번역 수준은 참담한 수준임을 지적하지 않을 수 없다. 사소한 오역의 문제도 서둘러 개선돼야 하겠지만 그보다는 아예 문장이 안 되는 사람들이 한문 번역에 뛰어든 경우가 너무 많았고, 걸핏하면 원문 중에 어려운 부분을 생략해 버리고 두루뭉술하게 번역하는 것은 하나의 전통이 되다시피 했다. 이 점은 다양한 문제 제기를 통해 서둘러 고쳐야 할 것이다.

끝으로 문장의 중요성이다. 나이가 한 살 한 살 들어갈수록 문체의 중요성을 절감한다. 문체는 인격이기 때문이다. 이번 작업에서도 가능한 한 문체까지 옮기는 문체 번역을 시도했다. 토 달기나 축자(逐字) 번역에서 벗어나, 또한 의역이냐 직역이냐라는 수준 이하의 이분법과 거리를 둔, 의미 번역을 통한 문체 번역을 시도했다. 물론 옮긴이가 이 점을 다 달성했다고는 자부하지 못한다. 대신 누가 어느 언어를 번역하건 이제 우리의 번역 문화는 이런 단계로 끌어올려야 한다. 필자의 작품에 대한 비판 또한 이런 기준에 맞춰 이뤄진다면 열린 마음으로 받아들일 것이다.

이 책은 대략 2년의 번역 작업을 거쳐 2017년쯤 마무리됐다. 그 사이에 나는 조선일보를 나와 논어등반학교를 시작해 고전 번역가 및 교육가로 변신을 했고, 또 무엇보다 달라진 것은 이제 한문에 관해 조금도 두려움을 갖지 않게 됐다.

어휘 풀이

인행(印行) 책 따위를 인쇄하여 발행함.

문기(文氣) 문장의 기세.

전교(傳敎) 임금이 명령을 내림. 또는 그 명령.

초학자(初學者) 학문을 처음으로 배우기 시작한 사람.

경세(經世) 세상을 다스림.

문사철(文史哲) 문학, 역사, 철학을 아울러 이르는 말. 보통 인문학이라고 분류되는 대표 학문들로 지성인이 기본적으로 갖추어야 하는 교양을 의미한다.

축자(逐字) 글자를 하나하나 따름.

《문장정종》에서 배운
좋은 글 쓰는 법

사실 처음 《문장정종》 번역을 시작할 때만 해도 큰 기대를 걸지는 않았다. 역사나 경전에 관심이 쏠려 있었기 때문에 문장에 대해서는 조금 가볍게 여겼기 때문일 것이다. 그러나 《춘추좌씨전》이나 《한서》 그리고 《사기》 등에서 명문장을 실어놓고 짤막하게 논평을 해놓은 것을 하나씩 읽어갈 때마다 놀라움을 금할 길이 없었다. 진덕수의 논평이 정곡을 찌르는 것에 놀랐고, 그전에 《춘추좌씨전》이나 《사기》를 읽을 때는 눈길을 주지 않았던 문장들이 하나하나 살아서 눈에 들어오는 게 아닌가? 그때까지만 해도 국내에는 《한서》 전체가 번역돼 있지 않았고 열전(列傳) 일부만 번역돼 있었기 때문에 《한서》에서 인용한 글들은 어쩔 수 없이 내가 직접 번역을 해야 했다.

그런데 막상 《한서》를 직접 번역하면서 두 가지 점을 알게 됐다. 하나는 《대학연의》 때보다 훨씬 힘들다는 점이고, 또 하나는 《한서》의 문장 혹은 문체가 너무나도 간명하면서도 힘이 있다는 점이다. 그래서 이때부터 본격적으로 중국 한나라 역사에 대한 공부를 병행했다. 《대학연의》 때의 잘못을 반복하지 않기 위해서였다. 그리고 문장 자체에 좀 더 주목하며 하나씩 옮겨갔다.

황제의 조서인 사(辭)는 가만 생각해 보니 당시 관리 중에서 글을 가장 잘 쓰는 사람이 쓸 수밖에 없었고 당연히 그 시대를 대표할 만한 글이었다. 나로서는 큰 깨달음이었다. 그 후로 나는 《태종실록》을 번역하면서 황제의 조서에 해당하는 국왕의 교서(敎書)를 옮길 때에도 더욱 세심한 주의를 기울이게 됐다. 사(辭)에서 가장 인상적인 것은 얼핏 비슷해 보이는 한나라 여러 황제들의 조서에서 미묘한 차이를 읽어내는 진덕수의 글 감각이었다. 예를 들어보자. 한나라 문제(文帝)가 농사를 권면하는 조서를 내렸다.

백성들을 인도하는 길은 본업에 힘쓰게 하는 데 있다. 짐이 몸소 천하를 이끌고서 농사를 한 지가 10년이 됐지만 들판에는 여전히 개간되지 않은 곳들이 있고 한 해만 흉년이 들어도 백성들 사이에는 굶주린 기색이 있다. 이는 농사일에 종사하는 사람들이 아직도 적고 관리들이 제대로 힘쓰지 않은 때문이다. 내가 조서를 여러 차례 내려 해마다 백성들에게 나무(뽕나무)를 심도록 권면했으나 그 공적은 아직 나타나지 않고 있다. 이는 관리들이 나의 조서를 받드는 데 부지런하지 않고 백성들에게 권면하는 바가 명확하지 않기 때문이다. 또 나의 농민들이 심하게 고생을 하고 있지만 관리들은 그것을 덜어주려 하지 않으니 장차 무엇으로써 백성들을 권면할 수 있겠는가? 그러니 천하의 백성들에게 올해 내야 할 조세의 절반을 감면해 주도록 하라.

이에 대한 진덕수의 논평이다.

가만히 살펴보니 문제(文帝)는 즉위한 지 12~13년 사이에 조세를 절반으로 감면해 준 것이 두 차례이고 완전히 탕감해 준 것이 한 차례였다. 후세의 임금들 중에 능히 그에 미칠 만한 인물이 없었으니 이 어찌 몸소 절약과 검소를 실천한 결과가 아니겠는가?

그런데 한나라 원제(元帝)가 자신이 행차하는 일이 드문 궁관(宮館)은 보수하지 말도록 조서를 내렸다. 사실 이것만 놓고 보면 좋은 일이다. 스스로를 낮추는 행위이기 때문이다. 일단 그 조서부

고전의 바다에서 지혜를 낚는 법

터 보자.

요사이 음양이 조화를 잃어 백성들이 굶주림과 추위에 시달리니 이는 백성을 지켜 다스리는 바가 아니다. 다음이 얕고 엷다 보니 선제께서 머무셨던 거처에 들어갈 수가 없구나. 그러니 여러 궁관에 영을 내려 행차하는 일이 드문 곳은 보수하지 말고 태복(太僕-관직 이름)은 곡식으로 먹이는 말을 줄이고 수형(水衡-관직 이름)은 육식 짐승을 없애도록 하라!

이에 대한 진덕수의 논평이다.

가만히 살펴보니 원제(元帝)의 조서는 백성들을 위하는 바가 심히 크다고 하겠다. 그러나 홍공(弘恭)과 석현(石顯)이 정권을 좌지우지해 조정에 좋은 정사라고는 없었는데 어찌 백성들로 하여금 상의 은택을 입도록 할 수 있었겠는가? 지금 여기서는 그것들을 일일이 다 기록하지 못했다.

홍공과 석현은 당시 환관으로 조정의 권세를 장악한 간신들이다. 즉 진덕수는 글 자체보다는 글과 실상의 관계를 통해 그 글의 좋고 나쁨을 판별했던 것이다.

사(辭) 부분을 옮기면서 뜻밖의 소득도 있었다. 우리가 흔히 '그기(其)'라고 하는 기 자에 '이에'라는 뜻이 있음을 확인한 것이다. 특히 황제가 어떤 사람이 훌륭한 일을 했을 때 포상하는 조서를 내리는데, 그때 원문에서는 마지막 문장을 시작할 때 반드시 '其' 자가 들어가 있었다. 어디서 많이 들어본 적이 있지 않은가? 그렇다. 표창장에서 "이에 이를 표창함"의 '이에'가 한나라 때부터 있었던 글쓰기의 유산이었던 것이다.

의(議)와 논(論)의 차이를 알게 된 것도 큰 소득이었다. 의는 간단히 말하면 책임과 권한을 가진 자가 생각을 말하는 것이고, 논은 책임과 권한을 갖지 못한 상태에서 어떤 일을 논하는 것이다. 그래서 건의(建議)는 지금도 쓰지만 건론(建論)은 애당초 성립할 수가 없다. 조직의 소속원이라야 의를 낼 수 있기 때문이다.

이 점을 알고 나서《태종실록》을 번역할 때 '議之(의지)'라고 돼있으면 이때 의는 동사가 되니 반드시 '의견을 내다' 혹은 '그것을 토의하다'라고 옮기지 '의논하다'라고 옮기지 않았다. '論之(논지)'는 '논하다', '議之(의지)'는 '토의하다' 혹은 '의견을 내다'로 옮겨야 하기 때문이다. 그러나 확인해 보면 바로 알 수 있겠지만 지금 우리의 실록 번역은 이를 구별하지 않고 모두 '의논하다'로 옮기고 있다. 이는 한문 혹은 한자의 뜻에 대한 정확한 이해가 없는 데서 생긴 오역이다. 그러나 실록의 원문은 논지와 의지를 엄격히 분리해

고전의 바다에서 지혜를 낚는 법

서 쓰고 있다. 즉 조선 사람들은 그 차이를 알고 있었는데 우리가 몰라서 그런 오역을 하는 것이다. 논지는 주로 형벌을 내릴 때 그 형량을 정하는 말이다. 죄를 논하는 것이다.

하긴 그러고 보면 지금도 판사는 형량을 의견으로 내는 것이 아니라 논죄(論罪)하는 것이다. 어떤 사람에게 3년 형을 선고하면 그것은 판사의 의견이 아니라 법조문과 죄의 실상을 살펴서 그 형량을 논하는 것이다. 이처럼 2천 년 전 중국 고전을 통해서도 현대 사회의 가려졌던 부분들을 밝혀내는 것이 얼마든지 가능하다. 당연히 고전 번역의 기쁨 중 하나라 하겠다.

그러나 내가 《문장정종》을 약간은 운명적으로 생각하는 것은 서사 장르에서였다. 특히 《한서》와 《사기》에서 집중적으로 뽑아 온 열전의 인물 평전을 옮기면서 한 사람의 생애를 정확하게 정리해 내는 반고와 사마천에게 경탄을 금할 수 없었다. 솔직히 나는 사마천보다는 반고에게 더 이끌렸다. 한마디로 그의 문장과 문체에 매료됐다. 예로부터 중국에서는 사마천과 반고의 문체와 글의 수준을 비교하는 학자들이 많았다.

대체로 후한에서 당나라 초기까지는 《한서》가 압도적 우세를 보였다. 《후한서(後漢書)》를 지은 범엽(范曄)은 이렇게 평가했다.

사마천은 문장이 솔직하며 일을 서술한 것이 정확하다. 반고는 문장이 풍부하며 일을 서술한 것이 상세하다. 반고의 서술 방식은 과격하지 않으며 그렇다고 너무 조심스럽지도 않다. 그리고 풍부하지만 잡되지 않으며 상세하지만 체제가 갖춰져 있다. 그래서 독자들이 아무리 읽어도 지겹다고 느끼지 않는다. 반고가 명성을 얻은 것은 지극히 당연하다.

그래서 당시 식자들은 사마천의《사기》에 대해 '비방분원(誹謗憤怨)하는 책'이라고 불렀다. 과격한 격정, 지나친 울분의 표출로 인해 가까이해서는 안 되는 책으로 여겨지기도 했던 것이다. 그러나 당나라 중기에 들어 정치가이자 문필가인 한유(韓愈)의 평가로《사기》 르네상스를 맞게 된다. 명나라 때 학자 호응린(胡應麟)이란 사람은 이렇게 말했다.

《사기》와《한서》의 우열에 대해서는 위진(魏晉) 이래로 여러 설이 분분해 정론이 없다. 그러나 반고의 편을 드는 사람이 열에 일곱은 될 것이다. 당나라의 한유와 유종원이 사마천을 상찬한 뒤부터 반고의 기세가 조금 꺾였다. …… 명나라에 이르러 여러 의견의 차이가 줄어들어 균형이 잡혔다.

대체로 문벌 귀족은《한서》를 중시하고, 과거 출신 관료들은

고전의 바다에서 지혜를 낚는 법

《사기》를 중시하는 경향을 보였다. 성리학이 꽃핀 송나라 때는 자연스럽게 반고보다는 사마천을 높이 평가했다. 이는 문학적 관점에서 접근하려 했던 흐름과 직결된다. 다시 청나라 때 고증학이 주류를 이루면서 《한서》의 부활을 가져왔다. 어떤 중국학자는 "사마천이 이백이라면 반고는 두보다"라고 평하기도 했다.

《한서》 이야기를 길게 한 이유는 다음 주제가 바로 내가 필생의 업으로 여기고 뛰어든 《한서》이기 때문이다. 국내에는 번역이 없어 사실상 내가 국내에서 처음으로 번역을 해야 했다. 이를 초역(初譯)이라고 한다.

다시 《문장정종》으로 돌아가 《문장정종》에서 배운 '좋은 글 쓰는 법'에 대한 진덕수의 원칙 한 가지를 말하고 이 글을 마쳐야겠다. 먼저 그는 머리말에서 이렇게 말했다.

(내가) 지금 (여기에) 모아놓은 것들은 의로운 이치(혹은 의로움과 이치)를 밝히고 세상에 쓰이는 바를 절실하게 하는 것을 위주로 해 그 본체는 옛것에 뿌리를 두고 그 가리키는 바는 큰 도리에 가까운지를 확인한 다음에야 받아들였다. 그렇지 않을 경우 그 사(辭)가 아무리 뛰어난 기교를 부렸다고 해도 아주 작은 항목에도 기록하지 않았다.

즉 《문장정종》에 좋은 글이라 하여 싣고 싣지 않고의 잣대가 바로 '절실하게', 즉 '절(切)' 한 글자였다는 말이다. '절'을 형이상이라고 할 때 그에 해당하는 정의, 즉 형이중은 '해야 할 말은 반드시 하고 불필요한 말은 단 한 마디도 하지 않는 것'이다. 그에 해당하는 형이하가 바로 자신의 《문장정종》에 뽑아놓은 글들이라는 말이다. 결국 좋은 글을 고르는 잣대와 좋은 글을 쓰는 핵심 요령은 똑같다. 절절하게 혹은 절실하게를 뜻하는 절(切)인 것이다. 이는 사실 앞서 보았던 애씀으로서의 문(文)과도 일맥상통한다고 하겠다. 그래서 진덕수는 자기가 뽑은 글들을 논평하면서 이렇게 말한다.

가만히 살펴보니 주나라가 진나라에 바라는 것은 간절하다[切(절)].

유경생이 바름과 간사함, 뛰어난지 아닌지를 판별하는 문제에 대해 논한 바를 가만히 살펴보면 이 한 편에 네 차례나 반복하고 있으니 참으로 간절하다[深切(심절)]고 할 수 있다.

어리석은 내가 살펴볼 때 영의 이 두 상소는 곧고 절절하다[鯁切(경절)]고 말할 수 있다. 그러나 임금 한 몸과 후궁에만 집중하고 왕씨에 대해서는 한마디도 하지 않았으니 충성스러운 신하라고 할 수 없다.

고전의 바다에서 지혜를 낚는 법

글이 수십 차례 올라갔는데 대부분이 절실하고 곧은[切直(절직)] 말이었다.

절절하게 쓴 글이 좋은 글이고 절절하게 하는 말이 좋은 말이다. 말과 글 모두 절(切)을 잊어서는 안 된다는 것이 내가 진덕수의 《문장정종》에서 얻은 절절한 교훈이다.

앞서 조선의 문장가인 상촌 신흠은 자신의 문집 《청창연담》에서 이렇게 말했다고 했다.

나는 《문장정종》이 나온 이후로 위응물(韋應物)의 시를 무척 사랑했다.

나는 신흠의 말을 빌려 이렇게 말하고자 한다.

나는 《문장정종》이 나온 이후로 반고(班固)의 《한서》를 무척 사랑했다.

어 휘 풀 이

열전(列傳) 여러 사람의 전기를 차례로 벌여서 기록한 책.
권면(勸勉) 알아듣도록 권하고 격려하여 힘쓰게 함.

6장

고대 한나라 역사서
《한서》 번역에
도전하다

《한서》 번역을 위해
언론사를 떠나다

《문장정종》 번역은 2014년부터 2015년 말까지 2년 만에 끝마쳤다. 원래는 진덕수의 유가 철학서인 《서산독서기》를 번역할 생각이었으나 도중에 계획이 바뀌었다. 그 책은 분량도 방대할 뿐만 아니라 제한된 독자로 인해 판매에 문제가 있을 것 같아 그것을 책으로 내줄 출판사를 찾기도 쉽지 않을 것으로 보였다. 게다가 《문장정종》 번역을 마쳐갈 때쯤에는 내 마음이 온통 《한서》에 가 있었다.

이 책을 내 손으로 번역하지 못하면 죽을 때까지 후회하리라!

고전의 바다에서 지혜를 낚는 법

그런데 회사 생활을 하면서 번역할 경우 빨라야 5년은 걸릴 것 같았다. 잠깐의 고민 끝에 회사를 그만두기로 했다. 그러면 2~3년 이면 해낼 수 있다는 계산이 나왔다. 그래서 2016년 2월 조선일보를 떠났다. 그리고 곧바로 '논어등반학교'를 시작했다. 다행히 지금까지 학교는 잘 운영돼 본격적으로 중국 고전을 번역하는 일을 자유롭게 할 수 있었다.《한서》번역은 순조롭게 진행돼 2018년 초에 끝마쳤다. 문제는 원래 출간을 약속했던 출판사에서 책 분량이 너무 많다며 난색을 표하는 바람에 잠깐의 방랑기를 거쳐 2020년 4월 빛을 볼 수 있었다. 모두 10권 분량인데 그 책에 대한 소개와 번역의 의미는 옮긴이 머리말에 자세히 실려 있다.

우선 중국 한나라의 역사서인 반고의《한서》를 우리말로 옮겨 세상에 내놓는다.

편년체(編年體)와는 구별되는 기전체(紀傳體)로 사마천(司馬遷)의《사기》는 이미 여러 사람들에 의해 국내에 번역이 돼 있는데 아직 어떤 번역본도 대표 번역의 지위를 얻지 못하고 있다. 아마도 번역상의 문제 때문일 것이다.

고대에서부터 한나라 무제까지를 범위로 하는《사기》와 달리《한서》는 오직 한나라만을 대상 범위로 하고 있어 흔히 단대사(斷代史)의 효시로 불리기도 한다. 서(書)란 곧 사(史)다.《서경(書經)》

도 그렇지만 적어도《한서(漢書)》와《당서(唐書)》의 이름에서 보듯이 서(書)란 곧 사(史)였다. 중국에서 참으로 오랫동안 역사 서술 방식으로 사용된 기전체라는 것은 본기(本紀)와 열전(列傳)으로 돼 있다는 뜻인데 그 밖에도 표(表)와 지(志)가 포함돼 있다.

《당서》 편찬에 참여했던 당나라 역사학자 유지기(劉知幾)는 중국 역사학의 전통을 체계적으로 정리한《사통(史通)》에서 옛날부터 그가 살았던 당나라 때까지의 역사서를 여섯 유파로 분류했다. 첫째가 상서가(尙書家)다. 상서(尙書)란 바로 육경(六經)의 하나인《서경》을 가리킨다. 둘째는 춘추가(春秋家)다. 공자가 지은《춘추》를 가리킨다. 편년체 역사의 원조다. 셋째는 좌전가(左傳家)다. 좌구명(左丘明)이《춘추》를 기반으로 해서 역사적 사실을 보충한 것이다. 넷째는 국어가(國語家)다.《국어(國語)》는 좌구명이《좌씨전(左氏傳)》을 쓰기 위해 각국의 역사를 모아 찬술한 것으로, 주어(周語) 3권, 노어(魯語) 2권, 제어(齊語) 1권, 진어(晋語) 9권, 정어(鄭語) 1권, 초어(楚語) 2권, 오어(吳語) 1권, 월어(越語) 2권으로 돼 있다. 주로 노나라에 대해 기술한《좌씨전》을 '내전(內傳)'이라 하는 데 비해 이를 '외전(外傳)'이라고 한다. 사마천이 좌구명을 무식꾼으로 몰았다 하여 '맹사(盲史)'라고도 한다. 또 당나라 유종원(柳宗元)이 《비국어(非國語)》를 지어 이 책을 비난하자 송나라의 강단례(江端禮)가《비비국어(非非國語)》를 지어 이를 반박하는 등 그 후로도 학자들의 논쟁이 끊이지 않았다. 다섯째는 사기가(史記家)다. 사마천의《사기》를 가리킨다. 이 책은 기전체의 효시로 불린다. 그러나 지나치게 문장의 꾸밈에 치중하고 사실의 비중을 낮췄다는 비판이 줄곧 제기됐다. 여섯째는 한서가(漢書家)다. 반고의 단대사《한서》를 말한다.

그런데 유지기는 책의 결론에서 "상서가 등 4가의 체례는 이미 오래전에 폐기되었다. 본받아 따를 만한 것으로는 단지 좌전과 한서 2가만 있을 뿐이다"라고 단정 지었다. 즉 편년체는《좌씨전》, 기전체는《한서》만이 표준이 될 만하다는 것이다. 그 후에 사마광(司馬光)은《좌씨전》의 전통에 서서《자치통감》을 편찬했고, 나머지 중국의 대표적 역사서들은 한결같이《한서》를 모범으로 삼아 단대기전(斷代紀傳)의 전통을 따랐다. 참고로 사마천의《사기》는 통고기전(通古紀傳)이라고 한다.

그 후에도 중국 역사학계에서는 편년체와 기전체 중에 어느 것이 좋은 역사 서술이냐를 놓고서 지속적인 논쟁이 이어졌고, 동시에 사마천과 반고 중에서 누가 더 뛰어난 역사가인지를 두고서도 지속적인 논쟁이 이어졌다. 편년체와 기전체의 우열 논쟁은 조선에서 세종 때 고려의 역사를 정리하는 문제를 두고도 치열하게 진행됐다. 결국 세종은 어느 한쪽의 손을 들어주지 않은 채 기전체《고려사》와 편년체《고려사절요》를 다 편찬하도록 했다. 그만큼 쉽지 않은 문제인 것이다.

그러면 중국에서 《한서》와 《사기》의 우열 논쟁은 어떻게 진행
돼 왔는가? 이에 대해서는 옮긴이의 생각보다는 《반고 평전》(천치
타이·자오융춘 지음, 정명기 옮김, 다른생각)에 있는 내용을 간략히 정
리하는 것으로 대신하고자 한다. 그에 앞서 《논어》 옹야편에 나온
공자의 말을 읽어둘 필요가 있다.

> 바탕이 꾸밈을 이기면 거칠고 꾸밈이 바탕을 이기면 번지레하니,
> 바탕과 꾸밈이 잘 어우러진 뒤에야 군자답다.
> 質勝文則野 文勝質則史 文質彬彬 君子
> 질 승 문 즉 야 문 승 질 즉 사 문 질 빈 빈 군 자

《후한서》를 지은 범엽은 이미 사마천과 반고를 비교해 이렇게
말한 바 있다.

> 사마천의 글은 직설적이어서 역사적 사실들이 숨김없이 드러나며,
> 반고의 글은 풍부한 내용을 담고 있어서 역사적 사실들을 상세하
> 게 서술하고 있다.

송나라 작가 양만리(楊萬里)는 또 더욱 운치 있는 말을 남겼다.

고전의 바다에서 지혜를 낚는 법

이백의 시는 신선과 검객들의 말이며, 두보의 시는 전아(典雅)한 선비와 문사(文士)의 말이라고 할 수 있다. 이들을 문장에 비유하자면 이백은 곧《사기》이며, 두보는 곧《한서》다.

《반고 평전》은《한서》가 후한 초에 발간된 이래 지식인들의 필독서가 된 과정을 이렇게 요약한다.

《한서》는 동한 시기에 조정 당국과 학자들 사이에서 매우 높은 지위를 차지했다. 이후 반고를 추종하고《한서》에 주석을 다는 사람들이 끊임없이 증가하여《한서》의 지위가 계속 높아지자 전문적으로《한서》를 가르치고 배우는 데에까지 이르렀으며 마침내 오경(五經)에 버금하게 됐다.

남북조 시대를 거쳐 당나라에 이르면《한서》에 주석을 단 저작들이 20여 종에 이르렀으며, 당나라 안사고(顏師古)는 '한서서례(漢書敍例)'라는 글에서 삼국, 양진(兩晉), 남북조 시기까지《한서》를 주석한 사람들로 복건(服虔), 응소(應劭), 진작(晉灼), 신찬(臣瓚) 등 23명의 학자를 열거하고 있다. 이는 곧 이때에 이미《한서》가《사기》에 비해 훨씬 더 중시되고 있었음을 보여준다. 물론 여기에는 《한서》의 경우 고문자(古文字)를 많이 사용한 데 반해《사기》는 고

문자를 별로 사용하지 않고 그나마 인용된 고문자조차 당시에 사용되던 문자로 번역했기 때문에 많은 주석이 필요치 않은 이유도 작용했다.

그리고 안사고가 주석을 단 이후에 《한서》는 비로소 더 이상 배우기 어려운 책이 아닌 것으로 인식됐고 주석도 거의 사라졌다.

당나라 때 《사기》를 연구해 《사기색은(史記索隱)》을 지은 사마정(司馬貞)은 "《사기》는 반고의 《한서》에 비해 예스럽고 질박한 느낌이 적기 때문에 한나라와 진(晉)나라의 명현(名賢)들은 《사기》를 중시하지 않았다"고 말했다. 이런 흐름은 명나라 때까지 이어져 학자 호응린은 "두 저작에 대한 논의가 분분해 정설은 없었지만 반고를 높게 평가하는 사람이 대략 열에 일곱은 됐다"고 말했다.

물론 사마천의 손을 들어주는 학자도 있었다. 진(晉)나라의 장보(張輔)는 이렇게 말했다.

세상 사람들이 대부분 반고가 뛰어나다고 말한다. 하지만 나는 이것이 잘못이라고 본다. 사마천의 저술은 말을 아껴 역사적 사실들을 거론해 3천 년 동안에 있었던 일을 서술하면서 단지 50만 자로 표현해 냈다. 그러나 반고는 200년 동안에 있었던 일을 80만 자로 서술했으니 말의 번거로움과 간략함이 같지 않다.

고전의 바다에서 지혜를 낚는 법

이런 흐름 속에서 반고의 편을 드는 갑반을마(甲班乙馬)라는 말도 생겨났고, 사마천의 편을 드는 열고우천(劣固優遷)이라는 말도 생겨났다. 그러나 우리의 입장에서는 굳이 이런 우열 논쟁에 깊이 관여할 이유는 없다. 장단점을 보고서 취할 것은 취하고 버릴 것은 버리면 그만이다. 송나라 때의 학자 범조우(范祖禹)는 사마광의 《자치통감》 편찬에도 조수로 참여한 인물이었는데 그의 말이 우리의 척도라 할 만하다.

사마천과 반고는 뛰어난 역사가의 인재로서 박학다식하고 사건 서술에 능하여 근거 없이 찬미하거나 나쁜 점을 감추지 않았다. 그러므로 그들의 저서는 천 년 이상을 전해오면서 사라지지 않았다.

《한서》 번역은 그저 개인의 취향 때문에 고른 작업이 아니다. 그것은 지금 우리가 처해 있는 상황과 깊은 관련이 있다.

첫째, 중국의 눈부신 성장이다. 그것은 곧 우리에게 위험과 기회를 동시에 가져다준다는 점에서 말 그대로 위기(危機)이다. 기회로 만드는 길은 분명하다. 중국을 정확히 알고서 그에 맞게 대처해 가는 것이다. 중국을 정확히 아는 작업은 크게 두 가지 방향에서 이뤄질 수밖에 없다. 지금 당장 일어나고 있는 중국의 정치, 경제, 문화, 사회의 변동을 깊고 넓게 파악하는 것이다. 이것은 어느 한 사람의 노력으로 될 일이 아니며 우리 사회의 전반적인 정보 및 지식의 종합 대응력을 높이는 데 달려 있다. 또 하나는 중국의 역사를 깊이 들어가서 정확하게 아는 일이다. 옮긴이의 이 작업은 바로 그 방향으로 나아가기 위한 첫걸음이라 여긴다.

둘째, 우리의 역사적 안목과 현실을 보는 시야를 깊고 넓게 하는 데《한서》가 크게 기여한다고 보았기 때문이다. 그것이 중국의 역사라는 점과는 별개로 이미 기원전에 이와 같은 치밀하고 수준 높은 역사를 저술할 능력을 갖췄던 반고의 식견은 지금도 여전히 우리에게 절실하게 필요한 안목이다. 역사에서 중요한 것은 무엇을 취하고 무엇을 버리느냐에 달려 있는데 그런 점에서 반고는 여전히 우리의 스승이 될 수 있다.

셋째, 우리에게 필요한 고전의 목록에 반드시《한서》를 포함시키고 싶은 욕심이 있었다. 서양의 역사 고전은 읽으면서 우리가 속한 동양의 고전을 소홀히 여겨서는 안 된다. 실은 그렇게 된 이유 중의 하나는 이 분야에 대한 제대로 된 번역서가 없기 때문이기도 하다. 그래서 우리 다음 세대들은 중국에 대한 단편적인 지식보다는 이 같은 정사(正史), 특히 저들의 제국 건설의 역사를 깊이 파고 듦으로써 중국 혹은 중국인을 그 깊은 속내에서 읽어내 주기를 바라는 마음으로 이 작업에 혼신의 힘을 다했다.

넷째, 다소 부차적인 이유가 되겠지만 일본에는《한서》가 완역

고전의 바다에서 지혜를 낚는 법

돼 있는데 우리는 열전의 일부만이 편집된 채 번역된 것이 전부라
는 지적 현실에 대한 부끄러움이 이 작업을 서두르게 한 원동력의
하나가 됐다는 점을 말하고 싶다.

어휘 풀이

편년체(編年體) 역사 기록을 연·월·일순으로 정리하는 편찬 체재.
기년체(紀年體) 역사를 군주의 정치 관련 기사인 본기와 신하들의 개인 전기인 열전, 통치 제
도·문물·경제·자연 현상 등을 내용별로 분류해 쓴 지와 연표 등으로 기록하는 편찬 체재.
단대사(斷代史) 한 왕조에 한정하여 쓴 역사.
전아(典雅) 법도에 맞고 아담함.
명현(名賢) 이름난 어진 사람.

《한서》에서
《논어》를 다시 만나다

전혀 예상치 못한 일이다. 중국 고대 한나라 역사서인《한서》에서
《논어》를 다시 만나게 될 줄이야!《한서》는 크게 보면 본기(本紀),
표(表), 전(傳)의 체제를 갖추고 있다. 전(傳)이란 열전(列傳)을 말한
다. 그런데《한서》에서는 열전이라는 사마천의《사기》식 표현을 쓰
지 않고 그냥 전이라고 했다. 전에는 한 인물이 끝날 때마다 찬(贊)
이라고 해서 그 인물에 대한 반고 자신의 총평이 실려 있다. 그런데
그중 절반 정도가《논어》를 끌어들여 그 인물을 평하고 있는 것이
아닌가?

애당초 학계의 통념, 즉 사대부의 심신 수양서 정도로 여겨지던

《논어》를 거부하고 철저하게 제왕학 혹은 리더십의 관점에서 사람 보는 책으로 풀이했던 나의 입장에 천군만마의 응원군이 생겨난 것이다. 아무리 좋은 원칙도 사례가 부족하면 공허하다. 그런데 뜻하지 않게 문장 때문에 시작한 《한서》에서 그런 응원군을 만난 것이다. 그래서 생각하니 반고는 《논어》의 본령을 꿰뚫고 있었기에 인물을 평함에 있어 적재적소에 《논어》를 활용하고 있었던 것이다. 이로써 나의 공부도 깊이와 넓이를 더할 수 있었다. 몇 가지 예를 들어보자.

찬(贊)하여 말했다.

"중니(仲尼-공자)가 말하기를 '인재를 얻기란 어렵다고 했으니 아마도 그렇지 않겠는가?'(《논어》 태백편) 공자 이후로 문장을 짓는 선비는 많았지만 오직 맹가(孟軻), 손황(孫況-순자), 동중서(董仲舒), 사마천(司馬遷), 유향(劉向), 양웅(揚雄)만이 뛰어났다. 이들은 모두 박식하고 견문이 넓으며 옛날과 지금의 일에 통달해 그들의 말은 세상에 큰 도움을 주었다. 전하는 말에 '빼어난 이가 나오지 않으면 그 사이에 반드시 세상에 명을 전하는 자가 있게 된다' 라고 했지만 어찌 여기에 가까운 것이겠는가? 유씨(劉氏)의 〈홍범론(洪範論)〉은 대전(大傳-《서경》)을 풀어내 하늘과 사람이 서로 응하는 바를 드러낸 것이고, 〈칠략(七略)〉은 예문(藝文)을 나누고 판별해 제자백가들의 계통과 업적을 총괄한 것이며, 〈삼통역보(三統曆譜)〉는 해와 달과 다섯 별의 도수(度數)를 고찰해 그 운행을 헤아린 것이다. 이것들은 모두 그 근본을 미루어 헤아리는 데 뜻이 있었던 것이다. 아! 향(向)은 산릉의 경계(警戒)를 말했는데 지금에 와서 살펴보니 참으로 애석하도다. 관의 기둥에 일어난 이변을 명확하게 지적함으로써 나라가 흥하고 망하는 것을 미루어 헤아렸으니 참으로 밝았도다! 어찌 그의 곧음과 신실함과 견문의 넓음이 옛날의 유익한 벗 삼음이 아니겠는가?(《논어》 계씨편)"

찬(贊) 하나에 두 차례나 《논어》를 끌어들이고 있다. 또 다른 사례다.

찬(贊)하여 말했다.

"중니(仲尼-공자)가 '얼룩소 새끼가 색깔이 붉고 또 뿔이 제대로 났다면 비록 (사람들이) 쓰지 않으려 해도 산천의 신(神)이 어찌 그것을 (쓰지 않고) 버려두겠는가?'(《논어》 옹야편)라고 말한 것은 (진정한) 선비란 세상의 흐름에 구애되지 않는다는 뜻이다. 옛말에 '호미나 괭이가 있다 해도 때를 제대로 만나는 것만 못하다'라고 했으니 참으로 그렇도다! 번쾌, 하후영, 관영의 무리들은 칼로 개를 잡고 있을 때 혹은 마구간 일꾼이거나 비단 장수였을 때 모기가 준마

의 꼬리에 붙듯이 천자에 붙어 공로가 천자의 명부에 기록되고 그
경사로움이 넘쳐 자손에게까지 흘러가게 될 줄을 스스로 어찌 알았
으랴? 효문제 때 천하는 역기(酈寄)를 친구를 팔아먹은 자라고 했
다. 무릇 친구를 팔아먹었다는 것은 이익에 눈이 멀어 의로움을 잊
었다는 뜻이다. 만약에 기(寄)처럼 아버지가 공신이면서도 또 (주발
등에게) 겁박을 당했다면 설사 여록(呂祿)을 (속여서) 꺾었다고는 하
나 그렇게 함으로써 사직을 안정시키고 마땅히 임금과 아버지를 살
아남게 했으니 옳은 일이다."

찬(贊)하여 말했다.

"원앙(袁盎)은 비록 배움을 좋아하지는 않았으나 견강부회에 능
했다. 어진 마음을 바탕으로 삼고 의로움에 끌려 비분강개할 줄 알
았다. 효문(孝文)이 처음 들어선 때를 만나 그는 자신의 재능을 발
휘할 시대를 맞이했다. 시대는 이미 바뀌어 오가 반란을 일으켰을
때 한번은 (천자를) 설득해 과연 그의 말이 채택됐으나 - 조조의 죽
음 - 자신의 몸을 끝까지 영예롭게 지키지는 못했다.

조조(晁錯)는 나라를 위한 원려(遠慮)에는 예리했으나 정작 자
신의 몸에 닥쳐올 위해(危害)는 보지 못했다. 그의 아버지는 그것
을 보고서 도랑에 뒹굴었지만《논어》헌문편) 아들의 패망을 구제하
지는 못했으니 조괄(趙括)의 어머니가 아들 괄의 단점을 지적해 그
집안을 보존한 것만도 못하다. 슬프도다! 조는 비록 제명에 죽지 못

했지만 세상은 그의 충성스러움을 슬퍼한다. 그래서 그가 시행하려 했던 말들을 논해 하나의 편으로 엮었다."

이런 사례가 수십 개다. 그때서야 깨달았다. 《한서》는 단순한 역사서가 아니라 역사 속에 등장할 만한 인물들을 적절하게 유형화해서 뽑은 다음 전(傳)을 만들었기에 중국의 다른 역사서들과 달리 두고두고 사람을 알아보고 일을 잘 행하는 교과서 역할을 할 수 있었던 것이다.

이때부터 나는 《한서》를 필두로 역사적 인물들을 더 넓혀가며 《논어》의 적용 분야를 확대해 갔다. 그 첫 번째 산물이 바로 2018년 말에 펴낸 《논어를 읽으면 사람이 보인다》이다.

어휘 풀이

견강부회(牽強附會) 이치에 맞지 않는 말을 억지로 끌어 붙여 자기에게 유리하게 함.
비분강개(悲憤慷慨) 슬프고 분하여 마음이 북받침.
원려(遠慮) 먼 앞일까지 미리 잘 헤아려 생각함.
위해(危害) 위험과 재해를 아울러 이르는 말.

고전의 바다에서 지혜를 낚는 법

《한서》와《실록》을 양 축으로
《논어》에 살을 더하다

처음에는 쉽지 않았지만《한서》를 지은 반고의 도움으로 경(經)과 사(史),《논어》와《한서》를 부지런히 오가다 보니 점점《논어》에 등장하는 용어들의 정확한 의미를 포착해 역사 속 인물에 적용하는 일이 쉬워졌고, 그래서 조선의 인물들에게로 확장할 수 있었다. 그것은 아마도 내가 사전에《조선왕조실록》을 통독했기에 가능했던 일이라 여긴다. 그래서 사람을 알아보는 문제 하나로도 중국사와 우리 역사를 비교하는 일이 가능해졌다. 아래는《논어를 읽으면 사람이 보인다》에 실린 글 한 꼭지다. 그것을 보면 나의 공부가 어떻게 진행돼 왔는지를 한눈에 볼 수 있을 것이다.

1. 공자의 지인지감 1단계, 시(視)

《논어》 위정(爲政)편 중에서 아래 구절은 공자(孔子)가 우리에게 명료하게 제시해 준 사람 보는 법, 즉 지인지감(知人之鑑)이다. 공자는 이렇게 말했다.

(사람을 알고 싶은 경우) 먼저 그 사람이 행하는 바를 잘 보고, 이어
그렇게 하는 까닭이나 이유를 잘 살피며, 그 사람이 진심으로 편안
해하는 것을 꼼꼼히 들여다본다면 사람들이 어찌 그 자신을 숨기
겠는가? 사람들이 어찌 그 자신을 숨기겠는가?
視其所以 觀其所由 察其所安 人焉廋哉 人焉廋哉
시 기 소 이   관 기 소 유   찰 기 소 안   인 언 수 재   인 언 수 재

첫째 그 사람이 겉으로 드러내는 말과 행동을 잘 들여다보라는 것이다. 설사 상대방이 이미 문제가 될 수 있는 행동거지를 보여주었는데도 그것을 포착해 알아보지 못한다면 그것은 상대방이 아니라 본인의 문제다.

《세종실록》에 나오는 황희(黃喜)와 김종서(金宗瑞)의 일화는 바로 그 점을 보여준다. 공조판서로 있던 김종서가 자신의 사무실을 찾아온 정승 황희를 접대하면서 공조의 물건을 사용한 적이 있었

고전의 바다에서 지혜를 낚는 법

다. 당시에는 예빈시(禮賓寺)라고 해서 의정부 건물 바로 옆에 정승들의 접대를 전담하는 기구가 있었다. 황희는 "예빈시에서 가져오면 될 것을 어찌 공조의 물건을 사사로이 쓸 수 있는가"라며 민망할 정도로 호통을 쳤다.

또 병조판서로 있던 김종서가 윗사람들이 있는데도 비스듬하게 앉아 있자 황희는 큰 소리로 "여봐라 병판대감 의자 한쪽 다리가 짧은가 보다. 빨리 고쳐드려라" 해서 깜짝 놀란 김종서가 무릎을 꿇고 사죄한 일도 있었다. 이후에도 사람 좋다는 평을 들은 황희지만 김종서에 대해서만은 아무리 사소한 잘못도 그냥 지나치지 않았다. 보다 못한 맹사성(孟思誠)이 황희에게 "종서는 당대의 명판서이거늘 어찌 그리 허물을 잡으십니까?"라고 물었다. 그에 대한 황희의 대답이다.

"종서는 성격이 굳세고 기운이 날래어 일을 과감하게 하기 때문에 뒷날 정승이 되면 신중함을 잃어 일을 허물어뜨릴까 염려해 미리 그의 기운을 꺾고 경계하려는 것이지, 결코 그가 미워서 그러는 것이 아니오."

김종서는 훗날 실제로 정승에 오르지만 결국 수양대군에게 희생돼 제명에 죽지 못했다. 황희가 우려한 삼가는 마음이 부족한 행동 때문으로 볼 수 있다.

2. 공자의 지인지감 2단계, 관(觀)

둘째 그 사람이 어떤 행동을 했을 때 어떤 이유에서 그렇게 하
는지를 깊이 들여다보라는 것이다. 여기에는 남이 전해주는 말은
쉽게 듣지 말라는 뜻도 포함된다.《신당서(新唐書)》에는 당 태종과
그가 가장 신뢰했던 신하 위징 사이에 있었던 이런 일화가 실려
있다.

당나라 태종은 즉위하여 위징(魏徵)을 간의대부(諫議大夫)로 삼았
는데, 위징은 스스로 내세우는 바가 없었고 자신의 속마음을 남김
없이 드러내어 숨기는 바가 전혀 없었다. 그래서 모두 200여 차례
올린 글이 황제의 마음에 딱 들어맞지 않는 바가 하나도 없어 이로
말미암아 상서우승 겸 간의에 제수했다.
그런데 좌우에서 위징이 친척들을 사사로이 하며 패거리를 만들고
있다고 고발하자 황상은 어사대부 온언박(溫彦博)으로 하여금 이
를 조사토록 했는데 그런 실상이 없었다. 온언박이 말했다.
"위징은 신하로서 그 같은 형체와 흔적을 드러내지 않았고 혐의와
는 전혀 무관했습니다. 다만 익명의 비방을 당했으니 그 점에 대해
서는 문책을 할 필요가 있을 듯합니다."
황상이 온언박을 시켜 위징을 나무라자 위징은 알현하고서 사과

했다.

"임금과 신하는 한마음이라고 했는데 이는 곧 한몸이라는 뜻입니다. 그런데 어찌 공적인 일을 하면서 형체와 흔적을 남겨둘 수 있습니까? 만약에 위아래가 서로 형체와 흔적을 남겨둔다면 (이렇게 되면 서로 과시를 하려 할 것이기 때문에) 나라의 흥망이 어찌될지 알 수 없을 것입니다."

즉 태종과 위징 사이에는 아차 하면 틈이 생길 수 있었고, 간사한 자들은 끊임없이 그 틈을 늘리려 했다. 중요한 것은 그럴 때 밝은 군주의 일 처리 방식이다. 여기서 태종처럼 신뢰할 수 있는 온언박을 시켜 곧바로 실상을 확인하는 것이다.

흥미롭게도 조선의 태종도《조선왕조실록》태종 1년(1401년) 4월 6일 거의 비슷한 장면을 연출해 보인다.

이날 윤목(尹穆, ?~1410)을 합주지사(陜州知事-합주는 지금의 합천)로 삼았다. 윤목은 삼군부 판사 이무(李茂, 1355~1409)의 조카로 좌명공신(佐命功臣)이다. 이때 봉상경(奉常卿)으로 있었다. 이무가 태종에게 말했다.

"목이 합주의 수령이 되고자 합니다."

태종은 그것을 허락했다. 윤목이 대궐에 나아가 하직 인사를 올리자 태종은 도승지 박석명에게 명하여 윤목에게 묻도록 했다.

"어째서 합주의 수령이 되려고 하는가?"

윤목이 대답하여 말했다.

"신은 공신이 되었으니 비록 산질(散秩-일정한 직무가 없는 벼슬 자리)이라도 서울에 머물면서 전하를 모시고 호위하는 것이 신의 바라는 바입니다. 어찌 지방 관직을 구했겠습니까?"

이무가 거짓말을 했던 것이다. 전해 들은 말을 점검하는 태종의 모습이 치밀하다.

여기서 이무가 어떤 인물인지 알 필요가 있다. 그의 인생 역정에는 여말선초의 격랑이 고스란히 새겨져 있기 때문이다. 고려 공민왕 때 문과에 급제해 우왕 때 밀직사사가 되었으나 이인임(李仁任)의 당으로 몰려 곡주(谷州)로 유배됐다. 조선이 건국되자 다시 등용됐고 태조 때는 도체찰사가 돼 5도의 병선을 거느리고 왜구의 소굴인 일본의 이키섬과 대마도를 정벌했다. 무엇보다 그가 역사에 이름을 드러내게 된 사건은 1차 왕자의 난 때다. 이때 세자 이방석(李芳碩)을 보필하던 정도전(鄭道傳), 남은(南誾) 등이 남은의 첩의 집인 송현(松峴)에 모여 반란을 모의한다는 정보를 정안공 이방원(李芳遠-태종)에게 밀고해 그들을 급습, 평정한 공로로 정사공신(定社功臣) 2등에 올랐다. 그 후 우정승에 올랐으나 태종 9년(1409년) 태종의 처남들인 민무구(閔無咎), 민무질(閔無疾)의 옥사에 관련돼 처형됐다. 무엇보다 그는 원나라 이택민(李澤民)이 만든 〈광피도(廣

고전의 바다에서 지혜를 낚는 법

被圖)〉와 승려 청준(淸濬)의 〈혼일강리도(混一疆理圖)〉를 통합하고 요하의 동쪽에 있는 조선과 일본을 넣어 〈역대제왕혼일강리도(歷代帝王混一疆理圖)〉를 만든 것으로 유명한 인물이기도 하다.

훗날 이무가 죽게 되는 것도 여기서 드러나듯 임금을 속여가며 인사에 개입한 일과 무관하지 않다. 실록에는 많은 사람들이 이무를 찾아가 인사 청탁을 했다는 기록이 여러 차례 나온다. 그런 이무였기에 우리는 태종이 처음부터 의심을 품고서 가장 믿는 박석명(朴錫命, 1370~1406)에게 진상을 알아보도록 한 부분에 주목해야 한다. 태종은 이무의 소유(所由)를 깊이 들여다보려 한 것이다. 이 점에서는 조선의 태종도 당 태종 못지않게 사리에 밝은 군주였다.

3. 공자의 지인지감 3단계, 찰(察)

셋째는 그 사람의 행동이나 말이 왜 그런지를 알게 됐다면 한 걸음 더 나아가 그조차 우러나서 한 것인지[所安(소안)] 아닌지를 꿰뚫어 보아야 한다는 것이다. 안(安)이라는 한자는 그냥 편안해하는 것이 아니라 진심으로 우러나서 그렇게 한다는 뜻이다. 즉 남을 의식해서 그렇게 하는 것은 아니라는 말이다.

《논어》학이편에서 공자는 말했다.

남들이 자신을 알아주지 않아도 속으로도 서운해하는 마음이 없다
면 진실로 군자가 아니겠는가?

人不知而不慍 不亦君子乎

인 부 지 이 불 온 불 역 군 자 호

이 말은 바로 이 안(安)의 깊은 의미를 풀어낸 것이다. 다른 사
람이 아니라 스스로가 기준이 되고 행동을 하라는 말이다. 남을 의
식해서 하는 행동은 결국 사람을 보고 판단하는 데 장애물일 뿐이
다. 그런 점에서 안과 가장 가까운 말은 신독(愼獨)이다. 누가 보건
보지 않건 늘 한결같아야 한다는 뜻이 바로 신독이다. '홀로 있을
때 삼가라'라고만 옮겨서는 그 뜻을 정확히 알 수가 없다.

소안(所安)을 꿰뚫어 볼 줄 안다면 사람을 알아보는 마지막 단
계에 이른 셈이다. 그래서 공자는 시(視), 관(觀), 찰(察), 이 세 가지
를 차례로 열거한 다음에 소안에 이른다면 "사람들이 어찌 자신의
속마음을 숨길 수 있겠는가?"라는 말을 두 번 반복한다. 즉 지인(知
人)은 소안에서 완성된다는 뜻이다. 이 사례를 살피기 위해 우리는
다시 실록으로 들어가 보자.

태종의 심복 중의 심복 박석명은 태종 6년(1406년) 세상을 떠나
면서 자신의 일을 대신해 줄 인물로 황희를 천거했다. 그래서 황희
는 박석명의 뒤를 이어 도승지(혹은 지신사)가 돼 태종의 복심(腹心)

역할을 한다.

태종 8년 12월 5일 밤 태종은 줄곧 자신을 도왔던 정승 조준(趙浚)의 아들이자 자신의 둘째 사위인 조대림(趙大臨, 1387~1430)을 반역 혐의로 순금사에 가두도록 전격적으로 명했다. 얼마 후 밝혀지지만 그가 순금사에 갇히게 된 것은 목인해(睦仁海)의 모함 때문이었다. 목인해는 김해 관노 출신으로 애꾸눈에 활을 잘 쏘았다. 원래는 태종의 처남 이제(李濟)의 가신이었다. 그랬다가 이제가 1차 왕자의 난 때 죽자 정안공의 사람이 돼 호군에 올랐다.

그의 부인은 조대림 집의 종이었다. 그래서 목인해는 늘 조대림의 집을 드나들었고 조대림도 목인해를 가족처럼 대해주었다. 그런데 목인해는 '대림이 나이가 어리고 어리석으니 모함하면 부귀를 도모할 수 있을 것이다'라고 생각해 나름의 시나리오를 꾸몄다.

목인해는 자신이 부마로서 군권을 갖고 있던 이제의 휘하에 있을 때의 경험을 이야기하며 "뜻밖의 변이 일어나면 다른 사람들은 문제가 없지만 공은 군사에 익숙하지 못하니 미리 대처하는 방법을 익혀둬야 한다"고 말했다. 그리고 목인해는 "설사 변을 일으키는 자가 있더라도 내가 힘을 다해 공을 돕겠소"라고 다짐했다.

다른 한편으로 목인해는 은밀하게 태종의 또 다른 측근인 이숙번을 찾아가 "평양군(조대림이 아버지의 작호를 1406년 이어받았다)이 두 마음을 품고 군사를 일으켜 공과 권규(권근의 아들이자 태종의 셋째 사위), 마천목을 죽이고 역모를 꾀하려고 하오"라며 거짓 밀고를 했다. 그리고 "조대림이 일찍이 '예전에 장인이 그 딸과 더불어 사위의 과실을 말하였는데, 딸이 그 남편에게 고하여 도리어 장인을 죽인 일이 있다'고 하였습니다"라는 황당한 증언도 곁들였다.

이숙번은 즉각 태종에게 아뢰었고 태종은 직접 목인해를 불러 믿을 수 없다며 "대림이 나이 어린데 어찌 감히 그렇게 하겠느냐? 만일 네 말이 사실이라면 반드시 주모자가 있을 것"이라고 말했다. 목인해는 이 말을 듣고는 즉각 조대림에게 달려가서 "곧 무장한 군사 수십 명이 경복궁 북쪽 으슥한 곳에 모여 공을 해하려고 하니, 공은 마땅히 거느리고 있는 병마로 이를 잡으소서"라며 덫을 놓았다. 병사를 몰고 경복궁 쪽으로 간다는 것은 곧 사정을 모르는 사람이 볼 때는 쿠데타이기 때문이다.

조대림은 처음에는 이숙번과 이야기해야겠다, 태종에게 알려야 겠다고 하자 목인해는 상황이 급하니 먼저 군사를 출동시키고 나서 알려도 늦지 않다고 유인했다. 조대림도 이를 옳다고 여겨 우선 목인해의 뜻을 따르기로 했다. 그러나 뭔가 이상하다고 생각한 태종은 조대림에게 사람을 보내 소격전(昭格殿-도교의 제사 공간)에서 제사를 지내라고 명했다. 그런데 조대림은 자신이 범염(犯染-초상집에 갔다 옴)을 했기에 불가능하다고 답했다. 그 바람에 태종도 조대림을 의심하게 된다.

고전의 바다에서 지혜를 낚는 법

목인해의 구상은 의외로 치밀했다. 목인해는 조대림의 집에 와서 "위아래 친분이 있는 사람이 누구냐"고 물었다. 이에 조대림은 조용(趙庸)밖에 없다고 말했다. 조용은 정몽주의 문인으로 성균관 대사성을 지낸 덕망이 있는 학자였다.

조대림이 조용을 불러 침실에서 은밀하게 자기가 아는 전후 사정을 이야기했다. 조용은 당장 "주상께 아뢰었소?"라고 물었다. 조대림이 "아직 아뢰지 못하였소"라고 답하자 조용은 얼굴빛이 변하며 "신하가 되어서 이런 말을 들으면, 곧 주상께 달려가 고하는 것이 직분인데, 하물며 부마는 더 말할 게 뭐가 있겠소?"라며 야단치듯 말하고 자신이 직접 고하겠다고 대궐을 향해 나섰다. 이에 당황한 목인해는 조용을 길에서 잡아 억류한 다음 이숙번에게 달려갔다.

"조용이 지금 평양군의 집에 있습니다. 이 사람이 모주(謀主)입니다. 평양군이 만일 거사하면, 내가 백마를 타고 그를 따를 것이니, 만약 대인의 군사와 만나거든, 군사를 경계하여 나를 알게 하소서. 그러면 내가 칼을 뽑아 평양군을 베겠습니다."

그런데 이 틈에 조용이 탈출에 성공해 태종에게 진상을 낱낱이 보고했다. 태종은 조용의 말을 듣자 "내 이미 알고 있었다"고 답한다. 이제 남은 것은 목인해를 잡아들이는 일이었다.

한편 태종은 이숙번에게는 "조대림이 만약 군사를 발하면 향하는 곳이 있을 것이니, 경의 집에서 조천화(照天火-일종의 조명탄)를 터뜨려라. 내가 나발을 불어서 응하겠다"라고 일러두었다. 그러면서도 지신사 황희에게는 시치미를 뚝 떼고서 "들으니 평양군이 모반하고자 한다니, 궐내를 요란하고 시끄럽게 하지 말라"고 말한다. 이에 황희가 주동자가 누구냐고 묻자 "조용이다"라고 답했다. 그러자 황희는 "조용은 사람됨이 아비와 임금을 죽이는 일은 따르지 않을 것입니다"라고 말했다.

후에 평양군이 옥(獄)에 나아가므로 황희가 목인해를 아울러 옥에 내려 대질하도록 청하니 태종이 그대로 따랐는데, 과연 목인해의 계획이었다. 태종이 대신들을 모아놓고 직접 사안을 헤아려보니 조용은 정직했다. 이에 태종은 황희를 보며 이렇게 말한다.

"예전에 목인해의 변고에 경이 말하기를 '조용은 아버지와 군주를 죽이는 일은 따르지 않을 것입니다'라고 하더니 과연 그렇다."

다소 복잡하긴 해도 이런 급박함 속에서 황희의 지인지감(知人之鑑) 수준을 살피는 데는 이 사례만 한 것이 없다. 황희는 소안(所安)을 꿰뚫어 낼 줄 아는 사람이었던 것이다. 이는 곧 사람의 속마음을 가장 정밀하게 살필 수 있었다는 말이다. 황희의 지인지감이 《논어》를 통해 단련됐음은 두말할 필요도 없다. 이처럼 태종이 신뢰하고 훗날 세종 또한 평생토록 의지하게 된 것도 실은 황희의 이같은 사람을 알고 일을 아는 능력 때문이었다.

고전의 바다에서 지혜를 낚는 법

공자의 이 지인지감 3단계론에 대해 진덕수는 《대학연의》에서 이렇게 풀이하고 있다.

대개 사람이 행하는 바는 다 뜻하지 않게 좋은 것과 맞아떨어지는 경우가 있으니 반드시 그 사람이 의리를 위해 그렇게 한 것인지, 이익을 위해 그렇게 한 것인지를 잘 살펴보아야 합니다. 만약 그 본마음이 실제로 의리에 있었다면 그 좋음은 진실함에서 나온 것이니 좋다고 할 수 있습니다. (그러나) 만약 그 본마음이 실제로 이익에 있었다면 그 (뜻하지 않은) 좋음은 진실함에서 나온 것이 아니니 어찌 좋다고 할 수 있겠습니까?

그런데 그 따르는 바가 좋다고 해도 그 마음이 우러나서 하는 바가 아니라면 진실로 아직은 능히 '우러나서 했다'고 할 수 없을 것입니다.

왜냐하면 (지금은 안 그런 것 같지만) 부귀를 갖게 될 경우 황음(荒淫)에 빠질 수 있고, 빈천해질 경우 나쁜 마음을 품을 수 있고 (당당한 듯해 보이지만) 위압과 무력 앞에서 굴종할 수도 있으니 늘 변하지 않는 마음을 계속 지켜내지 못할 수도 있기 때문입니다.

그러면 어떻게 해야 '우러나서 한다'고 말할 수 있겠습니까? (그것은) 물의 차가움이나 불의 뜨거움처럼 스스로 그러해서 바꿀 수 없어야 하며, 음식(을 안 먹었을 때)의 배고픔이나 물(을 안 마셨을

때)의 갈증처럼 반드시 그러해서 내버릴 수 없어야 합니다. 모름
지기 그런 연후라야 그것을 일러 '우러나서 한다'고 할 수 있을 것
입니다.

아마도 나의 이 같은 글쓰기 방식은 지금까지 서술한 고전 공부
의 과정을 거치지 않았다면 결코 쓸 수 없는 것이라 여긴다.

하나 덧붙이자면 이제라도 반고의 《한서》를 비롯해 진덕수의
《대학연의》와 《문장정종》 또한 당당히 동양 고전의 목록 중에서
한자리를 차지하길 바란다. 나의 작업은 앞으로도 우리의 동양 고
전 목록에 오를 만한 가치가 있는, 그러면서도 아직은 번역되지 못
한 책들을 하나씩 찾아서 제대로 번역하는 일에 집중될 것임을 밝
혀둔다. 그것만이 다음 세대를 위한 기성세대의 책무라 여기기 때
문이다.

어휘 풀이

좌명공신(佐命功臣) 조선 태종 1년(1401)에 이저(李佇), 이거이(李居易) 등 46명에게 내린 훈명.
정종 2년(1400) 제2차 왕자의 난 때 박포 등의 무리를 평정하고 태종을 임금 자리에 오르게 한
공로로 주어졌다.
소유(所由) 말미암은 바.
복심(腹心) 마음 놓고 부리거나 일을 맡길 수 있는 사람.
모주(謀主) 일을 주장하여 꾀하는 사람.
황음(荒淫) 함부로 음탕한 짓을 함.
굴종(屈從) 제 뜻을 굽혀 남에게 복종함.

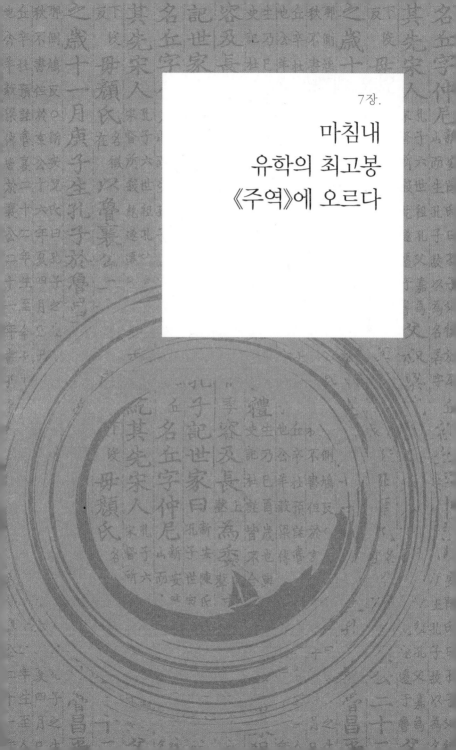

7장.

마침내
유학의 최고봉
《주역》에 오르다

일을 매개로
《논어》와 《주역》의 관계를 간파하다

고전 공부는 끝이 없다. 특히 《논어》가 그렇다. 100번 이상을 독파하고 1,400쪽의 벽돌책을 쓰고 10여 차례 강의를 했음에도 불구하고 아직도 새로운 의미를 발견하게 되는 구절들이 나오는 게 《논어》라는 책이다. 참으로 위대한 책이라 여긴다.

나는 《월간조선》이라는 잡지에 연재를 했는데, 이때 예(禮)를 예절로 보는 것이 아니라 넓은 의미의 일의 이치, 즉 사리(事理)로 보아야 한다는 점을 알게 됐다. 나의 통찰이라기보다는 원래 공자의 생각이 그러했다.

사실 《논어로 논어를 풀다》를 낼 때만 해도 예를 일의 이치로

고전의 바다에서 지혜를 낚는 법

보는 시각은 그다지 분명하지 않았다. 그 후에 계속된 고전 번역 작업이 자연스럽게 이런 눈을 뜨게 해주었다. 아마도 내가 동양철학을 전공하고 계속 학계에 몸담았더라면 이런 생각은 애당초 할 수 없었을지 모른다. 그곳 사람들은 자신들만의 학식과 독단에 빠져 철학의 구덩이를 헤어날 생각도 안 하기 때문이다. 반면에 나는 우연한 기회에《한서》를 접하게 됐고 원형에 가까운 사상을 만날 기회가 있었다.

누가 나에게《논어》의 가르침을 한마디로 요약하라고 하면 이렇게 답할 수 있다.

일의 이치에 따라 일을 하고 일의 이치에 따라 사람을 잘 가려서 마침내 그 일을 성공으로 이끄는 법을 말해주는 책이다.

주희의 주자학이 조선 성종 때부터 이 땅의 사상계를 지배하기 시작한 이래 우리는 본래의 유학, 즉 공자의 가르침을 잊은 지 너무도 오래다. 지금도 다를 바 없다. 그러면 누군가는 "공자의 가르침이나 주희의 가르침이나 뭐가 다른가?"라고 물을 수 있겠다. 그것에 대해서는 이렇게 답할 수 있겠다.

공자는 위아래 사람이 함께 이치에 따라 일을 하는 법을 가르치려 한 사람이라면, 주희는 초지일관 아랫사람의 입장에서 윗사람을 말로 공격하는 법을 가르치려 한 사람이다.

그러다 보니 기존의 주자학이 곧 유학인 줄 알고서 알게 모르게 주자학에 젖어 있는 사람들은 '공자가 일하는 법을 가르쳐준다고?'라며 의아해할 것이다. 그렇다. 그것을 모른다면 공자의 가르침의 핵심으로 나아갈 수 없다. 게다가 주희에 의해 깎여나가고 덧칠된 사이비 유학에 젖어 있는 사람들은 실은 일을 향해 나아가는 길 자체를 방해할 뿐이다. 오늘날 유학이라는 이름으로 강단에서 학생들을 가르치고 있는 사람들이 바로 그들이다.

정리하자면 공자는 일에 주안점을 두었고, 주희는 말에 주안점을 두었다. 그래서 두 사람의 언어 사용 능력을 엄밀히 비교해 보면 공자는 실상을 중시한 반면 주희는 명분에 초점을 맞췄다. 그래서 공자의 언어는 일을 하는 언어이고, 주희의 언어는 임금을 공격하는 언어다. 지금 강단의 속유(俗儒)들은 아마도 이런 차이조차 모를 것이다.

우리 학계의 주자학 일변도는 순자(荀子)보다는 맹자(孟子)를 중시해 온 데서도 쉽게 확인할 수 있다. 두 사람은 간단히 말하면 성악설과 성선설로 맞서온 것 정도로 우리에게는 인식되고 있다. 중국에서는 송나라 이전까지 《맹자》는 존재조차 미미했던 반면 《순자》는 일관되게 공자의 현실주의 일 중심 사고를 잘 구현한 책으로 존중받아 왔다. 반면에 조선은 중기 이후 주자학의 나라로 전락하면서 《맹자》는 필독서인 반면 《순자》는 사실상 금서 취급을 받았다. 웃기는 일이다.

그러면 나는 이 같은 공자의 일 중심 사고를 《논어》에서 어떻게 재발견하게 된 것일까? 그 실마리는 예(禮)라는 말이다. 우리는 예라고 하면 예절이나 가례(家禮) 정도만 생각한다. 이 또한 주희가 《주문공가례(朱文公家禮)》를 만들어 예의 범위를 확 좁혀놓은 때문일 뿐 공자가 생각했던 예는 결코 그렇지 않다. 나도 처음에는 다른 사람들과 마찬가지로 주자학의 영향권에 있는지 자각도 하지 못한 채 그 영향을 받고 있었으므로 그냥 예절이나 가례 정도로만 받아들였다. 문제는 그렇게 생각하다 보니 번역을 하는 과정에서 무슨 말인지 이해가 되지 않았다. 아마 나도 독서 수준에서 《논어》를 한 번 읽고 마는 수준이었다면 이런 실상을 알아차리지 못했을 것이다. 이는 말보다는 《논어》 속 실례로 들어가는 것이 훨씬 쉽게 알 수 있다.

학이편에서 똑똑한 제자 자공(子貢)이 "가난하면서도 아첨하지 않는 사람과 부유하면서도 교만하지 않은 사람은 어떠합니까?"라고 물었다. 사실 가난하면 비굴해져서 아첨하기 쉽고, 부유하면 남을 깔보게 돼 교만해지기 쉽다. 그런데 아첨을 하지 않거나 교만하

지 않은 사람은 괜찮지 않은가라고 물은 것이다. 이에 대한 공자의
대답이다.

그것도 좋다. 그러나 가난하면서도 (도리를) 즐길 줄 아는 사람
이나 부유하면서도 예를 좋아하는[好禮(호례)] 사람에는 비할 바가
못 된다.

이때 호례의 예(禮)가 우리가 흔히 말하는 예법의 예일까, 일의
이치, 즉 사리(事理)일까? 엄밀히 말하면 이 사례에서는 두 가지 다
가능한 듯이 보인다. 왜냐하면 예법으로서의 예는 일의 이치, 즉 사
리로서의 예의 특정한 경우에 속하기 때문이다. 그런데 범위가 넓
어질 경우 예법으로서의 예로는 전혀 설명할 수 없는 사례들이 수
도 없이 많다. 그중 대표적인 예를 살펴보자.

태백(泰伯)편에서 공자는 이렇게 말했다.

공손하기만 하고 예가 없으면 수고롭고, 삼가기만 하고 예가 없
으면 두려움에 떨게 되고, 용맹하기만 하고 예가 없으면 난을 일으
키게 되고, 곧기만 하고 예가 없으면 서두르게 된다.

여기서는 예가 일의 이치를 뜻하는 것이 보다 분명해진다. 즉 사

리에 맞게 무조건 공손하게만 하려고 하면 몸만 힘들어진다는 뜻이다. 우리가 흔히 말하는 과공비례(過恭非禮)가 그것이다. 조심조심 삼가는 것은 나쁘지 않지만, 무조건 조심하고 삼가다 보면 남들에게 비굴하고 벌벌 떠는 것으로 오인받게 된다. 일의 이치에 맞게 정도껏 삼가면 되는 것이다. 용맹이나 곧음 또한 마찬가지다.

이 점은 더 이상 논증이 필요 없을 만큼 분명하다. 그래서 이렇게 정리할 수 있다. 《논어》에서 위례(爲禮)나 행례(行禮)라고 하면 대체로 예법을 행하는 것인 반면에, 지례(知禮)라고 하면 99% 사리를 안다는 말이다. 1%는 '옛날의 예법을 안다'는 뜻으로도 쓰일 수 있기 때문에 남겨놓았다. 여기에도 당연히 주희식 예법과 공자식 지례는 차이가 난다. 지례는 예법을 포함하지만, 예법은 지례 해야 할 예 중의 한 가지 격식일 뿐이기 때문이다.

그러면 예가 일의 이치라고 했으니 이제 일이란 무엇인지를 명확히 해야 한다. 사(事)는 일이라는 명사도 되지만 일을 한다는 동사도 된다. 학이편에는 제후국을 다스릴 때라도 경사이신(敬事而信)해야 한다는 공자의 말이 나온다. 경(敬)과 사(事)의 정확한 의미를 모르는 한학자 내지 동양철학자들이 해놓은 번역을 살펴보자. 먼저 유명한 한학자의 번역이다.

일을 공경하고 미덥게 하며

우선 여기서 동사로 옮겨야 할 사(事)를 명사로 옮기고, 부사적으로 옮겨야 할 경(敬)을 동사로 옮겼다. 자, 묻겠다. '일을 공경한다'는 것은 무슨 뜻인가? 도대체 뭘 어떻게 하는 것이 일을 공경하는 것인가? 또 모호하게 신(信)을 '미덥게 하며'라고 옮겨놓았다. 누가도 없고 무엇도 없다. 굳이 말하면 일을 미덥게 하라는 뜻이 되겠다.

결론부터 보자. (전차 1만 대를 거느리는 천자는 말할 것도 없고) 전차 1천 대를 거느리는 제후라 하더라도 일을 할 때는 삼가는 자세로 함으로써 (백성들에게) 믿음을 심어주어야 한다는 말이다. 즉 이는 리더가 아랫사람들에게 신뢰를 얻는 방법을 제시한 대단히 중요한 발언이다. 그것은 다름 아닌 경사(敬事), 즉 일을 임할 때 시작부터 끝까지 삼가고 조심하는 태도를 잃지 않아 잘 완성 혹은 성공시킴으로써 아랫사람들의 신뢰를 받도록 하라는 것이다. 그러려면 마땅히 일을 이치에 맞게 해야 한다. 공자가 예(禮), 예(禮) 했던 것도 바로 일과 직결된 것이다. 일을 그르치는 것은 사사로운 인간관계나 위아래의 힘의 관계 혹은 윗사람의 부질없는 욕망이다. 이런 것을 벗어나 마땅하고 공적이며 일 자체에 맞는 이치에 따라 일을 처리해야 하는 것이 바로 사리(事理)이자 예(禮)다.

이는 지금이라고 다르지 않다. 앞서 자공이 던졌던 질문을 갖고서 다시 물어보겠다.

고전의 바다에서 지혜를 낚는 법

겸손한 사람이 일을 성공시키겠는가? 교만한 사람이 일을 성공시키겠는가?

당연히 전자다. 그렇기 때문에 겸손은 곧 사리이자 예가 되는 것이고, 교만은 일의 이치와는 무관하게 힘과 지위와 재력을 내세우려는 것이니 일의 이치에 맞는 것이 아닌 것이다.

경사이신(敬事而信)에 대한 또 하나의 그릇된 번역을 소개한다. 국내에 번역된 중국학자의 《논어》 풀이 중에서 이 부분을 이렇게 옮기고 있다.

일을 경건하게 처리하고 신용이 있으며

경사(敬事) 부분은 그나마 엇비슷하게 옮긴 듯하지만 여전히 그것이 아랫사람들로부터 신뢰를 얻어내는 길임을 모르고 옮긴 것이다. 게다가 경(敬)을 '경건하게'라고 한 것은 글쎄다. 오히려 그 책의 풀이 부분에 있는 말, 즉 "자기가 맡은 일에 충실하고 최선을 다한다"는 것이 실상에 근접해 있다. 나머지 책들의 오역은 너무도 심해 굳이 언급할 가치를 못 느낀다.

《주역》을 풀이한 자신의 계사전에서 공자는 일의 관점에서 인간 세계의 문제를 다루고 있다.

건은 평이함으로 (일의 큰 시작을) 주관하고, 곤은 간결함으로 능히 (일을) 해낸다.

乾以易知 坤以簡能

건 이 이 지 　곤 이 간 능

하늘과 땅의 변화 양상을 살펴 이를 통해 인간사에 지침을 주고자 하는 것이 《주역》이라고 할 때, 이 구절은 일종의 강령과도 같은 구절이다. 그런데 '일의 관점'을 놓쳐버린 국내외 《주역》 해설서들은 대부분 이 구절의 의미조차 파악하지 못한다. 대만 총통의 국사(國師)를 지냈다는 남회근(南懷瑾)이라는 사람은 이 구절을 다음과 같이 번역하고 있다.

건으로써 형이상적 역을 알고, 곤으로써 그 작용을 간명히 한다.

지(知)가 '알다'가 아니라 지사(知事)라고 할 때의 '주관하다'임을 알지 못한 것이다. 그러고는 이렇게 풀이한다. 국내 저자의 책들에도 이와 비슷한 엉터리 풀이들이 많아 그가 이 구절을 어떻게 풀이했는지를 잠깐만 살펴보자.

이 구절에서의 역(易) 자는 《역경(易經)》의 역 자와 같습니다.

이것은 우주 전체를 포괄하는 것입니다. 여러분이 《역경》의 역 자를 이해한다면 위로는 천문을 알고 아래로는 지리를 알며 이 우주가 어떻게 해서 발생했는지를 알 수 있을 것입니다.

곤이란 무엇일까요? 곤은 물질세계의 모든 작용을 대표합니다. 그 작용은 매우 간단합니다. 우리는 공자의 상기 두 구절로부터 하나의 결론을 도출할 수 있습니다. 즉 세상에서 제일 깊은 학문이 제일 평범하며, 제일 평범해야만 비로소 제일 깊을 수 있다는 것입니다.

여러분이 부처나 하나님을 섬길 때면 이분들이 높고도 깊으며 또 공경스럽다고 생각하는데, 그렇게 생각하면 영원히 이분들을 이해할 수 없습니다. 저는 부처를 섬기는 사람들에게 이런 말을 합니다. 당신이 섬기는 부처는 당신이 상상하는 것이지 원래의 부처가 아니라고요.

일단 무슨 말인지 모르겠지만 단언하건대 《주역》을 다 이해했다고 해서 "위로는 천문을 알고 아래로는 지리를 알며 이 우주가 어떻게 해서 발생했는지를 알 수 있"는 일은 불가능하다. 그저 인간사의 이치에 대해 조금 알게 될 뿐이다. 따라서 그 후의 이야기는 읽을 필요도 없는 '개똥철학'인데, 이런 개똥철학이 나오게 된 것은 다름 아닌 황당한 오역(誤譯)에서 비롯된 것이다. 이 문제를 이렇게 깊게 파고드는 이유는 국내 해설서들도 대부분 이 같은 오역을 갖고서 자신의 개똥철학을 풀어놓고 있기 때문이다. 우리 길로 돌아가자.

　건은 평이함으로 (일을) 주관하고, 곤은 간결함으로 능히 (일을) 해낸다.

　당연히 여기서 건(乾)은 임금, 곤(坤)은 신하다. 임금과 신하의 일하는 방식을 말한 것이다. 당연히 핵심어는 평이함과 간결함이다. 임금은 명을 내리고 신하는 그 명을 수행한다. 그러니 '평이함으로' 명을 내리고 '간결함으로' 그 명을 수행한다는 말이다. 그래서 이를 평이함과 간결함의 짝으로 공자는 이렇게 말한다.

　평이하면 알기 쉽고 간결하면 (아랫사람들이) 따르기 쉽다. 알기 쉬우면 제 몸처럼 여기는 사람들이 있게 되고 따르기 쉬우면 성과가 있게 된다. 제 몸처럼 여기는 사람들이 있으면 오래 지속할 수 있고 성과가 있게 되면 (일을) 크게 할 수 있다. 오래 할 수 있으면 (그것이 바로) 뛰어난 이의 다움이고 크게 할 수 있으면 (그것이 바로) 뛰어난 이의 공적이다.

　그리고 공자는 말했다.

헤아림을 지극히 해 앞으로 다가올 것을 알아내는 것을 점(占)
이라고 하고, 달라짐을 통하게 하는 것을 일이라고 한다.

앞으로 다가올 것을 알아내지 못하고서는 상황의 달라짐을 통
하게 하는 것은 사실상 어렵다. 즉 그 달라지는 원리에 정통할 때라
야 일을 잘 해낼 수 있다는 말이다. 그 달라지는 원리를 찾아낼 수
있는 인간학적 기반이 다름 아닌 사리로서의 예(禮)인 것이다.
지자(知者)란 이 같은 사리를 아는 사람이며 불혹(不惑)하는 사
람이며 눈 밝은 사람이다. 우리는 어이없게도 지(知)는 지식, 지(智)
는 지혜라는 식의 구분법 정도에 머물고 있다. 사리를 아는 자는 지
자(智者)이자 지자(知者)다. 지(知)와 지(智)는 같은 뜻을 갖는다. 역
사 속의 사례를 통해 사리를 안다는 것의 의미를 만나보자. 반고의
《한서》다.

한나라 (고제 12년-기원전 195년) 고제(高帝-유방)의 병환이 심해
지자 여후(呂后-고제의 부인)가 물었다.
"폐하의 백세후(百歲後)에 소(蕭-소하(蕭何)) 상국(相國-재상)마
저 죽고 나면 누구로 하여금 그 일을 대신하게 할까요?"
상이 말했다.
"조참(曹參)이 가능할 것이오."

그다음으로는 누가 있냐고 물었다.

"왕릉(王陵)이면 할 수 있을 것이다. 다만 그는 조금 고지식하고 모자라니 진평(陳平)이 도울 수 있을 것이요. 진평의 지략은 남들보다 나음이 있지만 혼자서 일을 다 맡기에는 어렵소. 주발(周勃)은 중후하면서도 학식이 조금 부족하긴 하지만 우리 유씨(劉氏) 집안을 안전하게 해줄 수 있는 사람은 반드시 주발일 것이요. 따라서 그를 태위(太衛)로 삼도록 하면 될 것이요."

여후가 그다음으로는 누가 있냐고 다시 물었다. 이에 상이 말했다.

"그 이후는 진실로 그대가 알 바가 아니요."

고황후(高皇后) 원년(기원전 187년) 태후가 (자신의 친척들인) 여러 여씨(呂氏)를 왕으로 세우고자 신하들에게 논의를 시키니 우승상 왕릉이 말했다.

"고제께서는 백마를 죽여 맹세하며 말씀하셨습니다. '유씨(劉氏)가 아니면서 왕이 되면 천하는 힘을 모아 이를 쳐야 한다.' 지금 여씨를 왕으로 삼으시려는 것은 애초에 약속된 바가 아닙니다."

태후는 불쾌해하면서 (좌승상) 진평과 (태위) 주발에게 물었더니 두 사람은 가능하다고 대답했다. 이에 태후는 기뻐하면서 조회를 파했다. 그러고 나서 왕릉이 진평과 주발을 꾸짖으며 이렇게 말

고전의 바다에서 지혜를 낚는 법

했다.

"애초에 고제와 더불어 삽혈(歃血-짐승의 피로 서약함)하며 맹세했건만 그대들은 그 자리에 없었던가? 지금 여씨를 왕으로 삼으려 하는데 무슨 면목으로 지하에 계신 고제를 뵈올 것인가?"

진평이 말했다.

"면전에서 (윗사람의 뜻을) 꺾고 조정에서 간행하는 것은 저희가 그대만 못하겠지만, 사직을 온전하게 지키고 유씨의 후예들을 보호하는 일에서는 그대 또한 저희만 못하다 하겠습니다."

왕릉은 이에 더 이상 응답할 수가 없었다. 곧 태후는 왕릉을 태부(太傅-황제의 스승이기는 하지만 실권은 없다)로 삼아 사실상 재상으로서의 권력을 빼앗았고 왕릉은 결국 병을 이유로 면직되어 (그의 봉지 하북성 안국현으로) 돌아갔다.

훗날 실제로 진평과 주발은 힘을 합쳐 여러 여씨들을 주살하고 대왕(代王)을 모셔 와 천자로 삼아 한나라를 안정시켰다. 그래서 송나라 학자 진덕수는《대학연의》에서 왕릉과 진평을 대비시켜 이렇게 짧게 말했다.

왕릉이 여러 여씨들이 왕이 되는 것에 대해 간쟁한 것은 고지식하고 어리석었다고 하겠고, 진평이 간쟁하지 않고 그것을 받아들여

준 것은 사리를 알았다고 하겠습니다.

　　아마도 주자학자들이라면 왕릉을 곧은 신하라 하고, 진평을 굽
은 신하라고 했을 것이다. 이처럼 주자학과 공자학은 역사와 그 인
물들을 보는 데 있어서도 전혀 다르다.

　　사리를 아는 사람이라면 때를 기다릴 줄도 알고 일시적인 굴욕
을 참을 줄도 안다. 더불어 때가 왔을 때는 망설이지 않고 행동에 나
설 줄도 알고 일단 일을 시작하면 반드시 좋은 결과를 만들어낸다.

어휘 풀이
....

속유(俗儒) 식견이나 행실이 변변하지 못하고 속된 선비.

가례(家禮) 한집안에서 지키는 예법.

과공비례(過恭非禮) 지나치게 공손하면 오히려 예의에 어긋난다는 뜻으로, 공손함도 도가 지나
치면 오히려 상대방에게 무례를 저지르는 것임을 이르는 말. 《논어》 선진(先進)편에 나오는
말이다.

불혹(不惑) 미혹되지 아니함.

백세후(百歲後) 사람의 죽은 뒤를 높여 이르는 말.

봉지(封地) 제후의 영토.

　　　　　　　　　　　　　　　　　　고전의 바다에서 지혜를 낚는 법

《논어》에서 《주역》으로 가는 길,
상도에서 권도로

권(權)이라는 글자를 오늘날에는 권력, 권세하고만 연결해서 쓰다
보니 원래 그것이 갖고 있던 뜻을 거의 상실해 버렸다. 권이란 원
래 저울, 저울추를 뜻했고 동사로는 '저울질하다'라는 뜻으로 가장
많이 사용됐다. 저울질한다는 것은 상황마다 거기에 맞는 조치를
취한다는 뜻으로 이어진다. '잠시, 임시'라는 뜻도 거기서 파생돼
나왔다.

예를 들면 권지(權知)라는 말에서 권이 바로 '임시'라는 뜻이다.
여기서 지(知)는 장(掌)이나 사(司), 전(典)과 같은 뜻으로 '일을 주
관하다', '담당하다'라는 뜻이다. 오늘날 거의 유일하게 남아 있는

것이 경기도지사라고 할 때의 그 지사(知事)다. 말 그대로 일을 맡아서 처리한다는 뜻이다.

권지는 그래서 오늘날 '인턴'과 같은 말이다. 정식 임용을 앞두고 일단 임시로 일을 맡긴다는 뜻인 것이다. 그래서 조선 시대에 과거에 급제하면 바로 정식 관리가 되는 것이 아니라 권지의 단계를 반드시 거쳐야 했다. 합격자를 권지로 임명하고 각 관청에 보내 일정 기간이 경과하면 실직(實職)을 주었다. 특히 바로 6품에 임명되는 갑과 합격자 3명 이외의 과거 합격자는 모두 종9품을 받아 성균관, 승문원, 교서관, 무과의 경우에는 훈련원, 별시위 등 이른바 권지청에 분속돼 권지성균관 학유, 권지승문원 부정자 등으로 실무를 익히게 했다.

심지어 우리 역사에는 임금 중에도 권지가 있다. 태조 이성계와 정종이 그런 경우다. 명나라에서 1401년 태종을 공식 책봉하기 전까지 조선 임금의 공식 명칭은 '권지 고려국사' 혹은 '고려 권지국사'였다. 권(權)이 임시라는 뜻을 가졌기에 실은 권도(權道)라는 말도 임시방편이라는 뜻이 강했다. 그다지 좋은 뜻이 아니었다는 말이다.

우선 중립적 뉘앙스부터 살펴보자. 태종 6년(1406년) 8월 24일 당시 태종이 세자에게 임금 자리를 넘기겠다는 선위(禪位) 의사를 밝혀 조정이 발칵 뒤집어졌다. 이때 권근(權近)이 글을 올려 선위의 부당성을 역설했는데 그중 이런 대목이 나온다.

신이 가만히 천하의 일을 생각건대, 일은 같으나 형세가 다른 것이 있으니 태평하고 무사한 때를 당하면 상경(常經)을 지키고, 위태하고 변급한 때를 당하면 권도(權道)를 행했습니다. 진실로 태평한 때를 당해 권도를 쓰면 시중(時中)의 적의(適宜)함을 잃게 되어 도리어 화란(禍亂)이 생기게 되는 것이므로 이것을 살피지 않을 수가 없습니다. 대체로 천하의 국가를 가진 이가 반드시 대대로 서로 전위(傳位)하는 것은 예(禮)의 상경입니다. 무릇 제후가 나라를 전(傳)하는 데 반드시 천자에게 명을 받는 것도 또한 예의 상경입니다.

여기에는 우리가 집중적으로 파고들고 있는 사리(事理)로서의 예(禮) 개념이 나타나 있고, 동시에 권도와 짝을 이루는 개념이 상경(常經)임을 알 수 있다. 상경은 상도(常道)라고도 한다. 권근은 권도와 상경의 일반론을 밝힌 것이다.

그런데 대부분의 경우에는 또 부정적 뉘앙스를 담아 권도라는 말을 썼음을 확인할 수 있다. 장구한 계책이나 영구적인 법도와 대비되는 의미에서는 임기응변 정도의 의미다. 그러나 태종은 권도를 상당히 좋은 의미에서 사용하고 있다. 그것은 아마도 《논어》에 정통했기 때문일 것이다. 이 점을 확연히 보여주는 기사가 태종 17년

6월 24일 자《태종실록》에 나온다.

이날 태종은 하륜(河崙)의 아들 하구(河久)에게 고기를 내려주었다. 하륜의 아내 이씨(李氏)가 의원 양홍달(楊弘達)에게 말했다.

"아들 하구가 오랫동안 아버지의 상사(喪事)로 인해 기운이 허약한 데다가 병은 심하고 입이 써서 먹을 것을 생각하지 아니하오. 내가 육식하기를 권해도 하구가 따르기를 달게 여기지 아니하니 그대는 이 사정을 상전(上前)에 아뢰어 하구로 하여금 고기를 먹도록 하여 주오."

양홍달이 와서 아뢰었다.

"하구 어미의 말이 이러하여 신이 진찰해 보았더니 상중에 채소만 먹은 나머지 천식이 깊이 병들어 치료하기 어려웠습니다."

상이 즉시 내관 김용기(金龍奇)에게 명해 하구에게 고기를 내려주며 말했다.

"네 어찌 과정(過庭)의 가르침이 없었으랴? 반드시 상경(常經)과 권도(權道)의 도리를 통달했을 것이다. 상중에 육식하지 않음이 비록 효자라 하더라도 몸을 망쳐 요절하는 것과 비한다면 어찌 몸이 건강해 제사를 받드는 것과 같겠느냐? 이것이 곧 효도 중에 가장 큰 것이다."

고전의 바다에서 지혜를 낚는 법

하륜은 태종 16년 11월 세상을 떠났다. 태종의 말을 보면 그가 하륜을 '상경과 권도의 도리에 통달했던 재상'으로 보았음을 알 수 있다. 그런 아버지의 아들이니 그런 이치는 알아야 하지 않겠느냐는 말이다. 결국 '몸을 건강하게 해 아버지의 제사를 잘 받드는 것'이 오히려 가장 큰 효도이며 이것이 바로 권도라는 말이다. 더욱 의미심장한 대목은 '뜰을 지날 때[過庭(과정)]'의 가르침을 말하는 대목이다. 이는 《논어》 계씨(季氏)편에 나오는 이야기를 가리킨다.

진항(陳亢)이 공자의 아들 백어(伯魚)에게 물었다. "그대는 역시 특이한 것을 들은 적이 있는가?" 이에 백어가 답했다. "(그런 특별한 것은) 들은 적이 없다. 일찍이 홀로 서 계실 때 내가 종종걸음으로 뜰을 지나가는데[過庭] '시를 배웠느냐?'라고 물으시기에 '아직 배우지 못했습니다'라고 했더니 '시를 배우지 않았으면 말을 할 수 없다'고 하시므로 내가 물러 나와 시를 배웠다. 다른 날에 또 홀로 서 계실 때 종종걸음으로 뜰을 지나가는데 '예를 배웠느냐?'라고 물으시기에 '아직 배우지 못하였습니다'라고 하니 '예를 배우지 않으면 설 수 없다[無以立(무이립)]'고 하셨다. 나는 물러 나와 예를 배웠다. 이 두 가지를 들었을 뿐이다."

이에 진항이 물러나 기뻐하며 말하기를 "하나를 물어서 세 가지를 얻었으니 시를 듣고, 예를 듣고, 또 군자가 그 아들을 공평하게 대하는 것을 들었구나!"라고 했다.

이것이 바로 태종이 말한 과정(過庭)의 가르침이다. 여기서 또 주목해야 할 대목은 바로 예(禮), 즉 사리를 배우지 않으면 설 수 없다는 말이다. 30살에 이르러야 한다는 바로 그 이립(而立)이 여기에 나온 것이다. 이립은 다시 말하지만 입기이례이입인이례(立己以禮而立人以禮)의 압축어로 먼저 자기 자신을 사리로써 세우고 난 다음에 다른 사람을 사리로써 세워준다는 말이다.

어휘 풀이

실직(實職) 실제로 일정한 직을 맡아 근무하는 벼슬.
권도(權道) 목적 달성을 위하여 그때그때의 형편에 따라 임기응변으로 일을 처리하는 방도.
선위(禪位) 임금의 자리를 물려줌.
상경(常經) 사람이 마땅히 지켜야 할 올바른 도리.
시중(時中) 그 당시의 사정에 알맞음. 또는 그런 요구.
적의(適宜) (무엇을 하기에) 알맞고 마땅함.
화란(禍亂) 재앙과 난리를 통틀어 이르는 말.
전위(傳位) 임금 자리를 후계자에게 전하여 줌.
상사(喪事) 사람이 죽은 사고.

고전의 바다에서 지혜를 낚는 법

양녕을 폐하고 충녕을 세운 논리
택현론이 곧 권도

태종 18년(1418년) 6월 3일은 조선 역사의 방향을 바꾼 운명의 날이다. 양녕의 실행(失行), 패덕(悖德)을 들어 세자 자리에서 내쫓을 것을 건의하는 상소가 이어지자 개경에 머물고 있던 태종은 마침내 6월 3일 자신의 최종 결심을 신하들에게 알렸다.

백관들의 소장(疏狀)의 사연을 읽어보니 부끄럽고 두려워 몸 둘 바를 모르겠다. 천명(天命)이 이미 떠나가 버린 것이므로 내가 이를 따르겠다.

영의정 유정현, 좌의정 박은, 우의정 한상경을 필두로 한 공신들과 육조판서, 각급 문무 대신들이 조계청(朝啓廳)에 몰려들었다. 조계청은 정승 이하 신하들이 국정을 의논하는 건물이었다.

전날까지 폐세자 상소를 연일 올렸던 신하들의 입장에서는 대환영의 조치였다. 허나 마냥 기뻐할 수만도 없었다. 폐세자 이후 누가 세자를 이을 것인가? 어떻게 보면 더 큰 문제였고 자칫 이 과정에서 의외의 희생자가 수도 없이 나올 수 있는 중대 사안이었다. 조계청 안은 극도의 긴장감에 휩싸였다. 누구 하나 쉽사리 입을 뗄 수 없었다. 잠시 후 오늘날의 대통령 비서실장 격인 지신사 조말생과 그의 직속 부하인 좌대언 이명덕이 조계청을 찾아와 태종의 두 번째 지시 사항을 전달하면서 침묵은 깨졌다.

나라의 근본[國本-세자를 나라의 근본이라는 의미에서 국본이라고 불렀대]은 정하지 아니할 수가 없다. 만약 정하지 않는다면 인심이 흉흉할 것이다. 옛날 중국에서는 유복자(遺腹者)라도 세워 선왕의 유업을 이어받게 하였고, 또 본부인의 장자를 세우는 것은 예나 지금이나 변함없는 법식이다. 양녕에게 두 아들이 있는데, 큰아이는 나이가 다섯 살이고 작은아이는 나이가 세 살이니, 나는 양녕의 큰아들을 세자에 앉히고자 한다. 장자가 유고(有故)하면 그 동생을 세워 후사로 삼을 것이니, 왕세손(王世孫)이라 칭할는지, 왕태손(王太

孫)이라 칭할는지 고제(古制)를 상고하여 의논해서 아뢰어라.

　　폐세자를 기정사실화하면서 양녕의 아들 중에서 후사(後嗣-다음 임금)를 고르겠다는 뜻과 함께 그 아이의 호칭 문제를 결정하라는 것이었다. 일단은 성리학의 전통적인 종법(宗法)을 그대로 따르겠다는 의지의 표현이었다. 한마디로 적장자 상속의 원칙을 그대로 적용하겠다는 뜻이다.

　　태종이 정말 양녕을 폐하고 종법에 따라 양녕의 아들, 특히 5살짜리 장남에게 '기계적으로' 왕위를 물려주려 했는지는 확인할 길이 없다. 그러나 실록에 기록된 바를 봐서는 태종이 이미 어느 정도 방향은 잡고 있으면서도 마지막 순간까지 약간은 갈팡질팡했던 것이 분명하다. 조선의 장래가 걸린 일이었기 때문에 쉽게 결단할 수 있는 일도 아니었다.

　　조계청에서 신하들의 의논이 시작됐다. 양녕의 장남을 후사로 삼겠다는 태종의 입장 표명이 있었기 때문인지 우의정 한상경 이하 모든 신하들은 양녕의 장남을 세우는 것이 좋겠다고 말했다. 흥미로운 것은 그들을 제외한 나머지 두 사람, 즉 최고위직인 영의정 유정현과 좌의정 박은이 조심스럽게 어진 사람을 고르자는 택현론(擇賢論)을 제기했다는 점이다. 유정현이 더 적극적이었다. 유정현은 무조건 뛰어난 사람을 고르자는 입장이었고, 박은은 "아비를 폐하고 아들을 세우는 것이 옛날 제도에 정해져 있다면 모르겠지만, 그렇지 않다면 뛰어난 사람을 골라야 한다"는 조건부 택현론이었다. 다소 궁색한 논리였다. 옛날 제도에 그런 경우가 없었을 리 없기 때문이다. 이때 유정현이 했던 말이다.

신은 배우지 못해 고사(故事)를 알지 못합니다. 그러나 일에는 권도(權道)와 상경(常經)이 있으니 뛰어난 사람을 고르는 것이 마땅합니다.

택현론의 이론적 근거가 바로 권도였던 것이다. 태종은 다시 조말생을 불렀다.

나는 제(양녕)의 아들로써 대신시키고자 하였으나 여러 신하들이 모두 '불가하다'고 하니 마땅히 어진 사람을 골라서 아뢰어라.

마음속에 점찍어 둔 충녕대군을 지명하면 될 것을 태종은 다시 이런 식으로 신하들에게 택현의 책임을 넌지시 떠넘겼다. 이 말을 전해들은 유정현 이하 신하들은 "아들을 알고 신하를 아는 것은 임금만 한 이가 없다"며 직접 고르라고 태종에게 선택을 다시 미뤘다. 이들은 왜 이 같은 평퐁을 하고 있는 것일까? 신하들로서는 당연히

고전의 바다에서 지혜를 낚는 법

뒷날 일이 잘못될 경우의 사태를 걱정하지 않을 수 없었을 것이다. 혹시라도 양녕이 부활할 경우 복수의 칼날이 바로 자신들을 향할 수도 있었다.

반면에 태종은 어떤 생각에서 이렇게 한 것일까? 이에 관한 명쾌한 답은 앞서 보았던 박은의 상소문에 나온다.

뒷세상으로 하여금 전하께서 맏아들을 폐하고 뛰어난 이를 세운 거조(擧措-큰일)가 공론으로 되었다는 것을 알리게 하시고, 또 양녕대군으로 하여금 자신이 공론에서 용납되지 못하였음을 알게 하여, 원망하고 미워함이 없게 하는 일입니다.

양녕의 폐세자는 태종 개인의 순간적 결단이나 신하들의 공모가 아니라 태종과 신하들이 함께 의견을 모은 최종적 결론, 즉 공의(公義)였다는 형식을 만들어냄으로써 양녕이 되살아날 수 있는 명분 자체를 없애버리는 것, 그것이 이처럼 태종이 계속해서 자신의 의견을 우회적으로 표명하면서 신하들의 동의를 얻어내는 절차를 밟았던 까닭이었다. 이제 결정의 순간이다. 태종은 자신의 최종 결심을 밝힌다.

옛사람이 말하기를 '나라에 훌륭한 임금이 있으면 사직의 복이 된다'고 하였다. 효령대군은 국왕 될 자질이 미약하고, 또 성질이 심히 곧아서 개좌(開坐-벼슬아치들이 사무를 본다는 뜻으로 여기서는 정치를 뜻한다고 볼 수 있다)하기에는 적절치 못하다. 내 말을 들으면 그저 빙긋이 웃기만 할 뿐이므로, 나와 중궁은 효령이 항상 웃는 것만을 보았다. 충녕대군은 천성이 총명하고 민첩하고 자못 학문을 좋아하여, 비록 몹시 추운 때나 더운 때에도 밤새 글을 읽어, 나는 그 아이가 병이 날까 두려워 항상 밤에 글 읽는 것을 금하였다. 그런데도 나의 큰 책은 모두 청하여 가져갔다. 또 정치의 요체를 알아서 늘 큰일에 헌의(獻議-윗사람에게 의견을 아룀)하는 것이 진실로 합당하고, 또 그것은 일반 사람들은 생각지도 못할 수준이었다. 중국 사신을 접대할 때면 몸가짐과 말이 두루 예(禮)에 부합하였고, 술을 마시는 것이 비록 무익하나, 중국 사신에게는 주인으로서 한 모금도 능히 마실 수 없다면 어찌 손님을 권하여서 그 마음을 즐겁게 할 수 있겠느냐? 충녕은 비록 술을 잘 마시지 못하나 적당히 마시고 그친다. 또 그 아들 가운데 제법 자란 아들이 있다. 효령대군은 한 모금도 마시지 못하니, 이것도 또한 불가하다. 충녕대군이 대위(大位-임금 자리)를 맡을 만하니 나는 충녕으로서 세자를 정하겠다.

이에 유정현 등 신하들은 "신 등이 이른바 어진 사람을 고르자는 것도 또한 충녕대군을 가리킨 것입니다"라며 화답했다.

고전의 바다에서 지혜를 낚는 법

양녕을 폐세자시키고 충녕대군을 새로운 세자로 바꾸는 과정에서 보여준 태종의 일 처리는 정확히 공자가 말한 권도와 합치한다. 공자는 먼저 《논어》 미자(微子)편에서 여러 뛰어난 이들을 언급하면서 자신은 그들과는 다르다며 이렇게 말한다.

나는 이들과 달라서 가한 것도 없고 불가한 것도 없다.

그러면 새로운 상황을 맞아 취해야 할 잣대는 무엇인가? 이 실마리는 이인(里仁)편의 다음과 같은 공자의 말이다.

군자는 천하에 나아가 일을 할 때 오로지 주장함도 없고 그렇게 하지 않음도 없으며 (그때그때의) 마땅함에 따라 행할 뿐이다.

"오로지 (이렇게 해야 한다고) 주장함도 없고 그렇게 하지 않음도 없다"는 말은 고스란히 "가한 것도 없고 불가한 것도 없다"라는 말과 정확히 똑같다. '마땅함'만이 추가됐을 뿐이다. 그 마땅함은 오랜 수양을 통해 찾고 만들어갈 수 있는 잣대다. 그래서 공자는 자한(子罕)편에서 이렇게 말한 것이다.

더불어 함께 배울 수 있다고 해서 (그 사람들 모두와) 더불어 도리를 행하는 데로 나아갈 수는 없으며, 또 더불어 도리를 행하는 데 나아간다고 해서 (그 사람들 모두와) 더불어 함께 (조정에) 설 수는 없으며, 또 더불어 함께 조정에 설 수 있다고 해서 (그 사람들 모두와) 더불어 권도를 행할 수는 없다.

더불어 조정에 선다는 것은 일을 하는 것이며 함께 상경(常經-상도)을 행하는 단계다. 그것을 넘어서야 더불어 권도를 행할 수 있다. 조선 시대 관제로 말하면 판서까지는 상경을 행하는 자리이고 정승이 돼야 비로소 권도를 행할 수 있다. 사리(事理)와 사세(事勢)를 모르고서야 결코 행할 수 없는 것이 권도라 할 것이다. 권도는 특히 사세를 읽을 줄 알 때 가능하다.

정리하면 《논어》는 사리와 상도에 관한 책이고, 《주역》은 사세와 권도에 관한 책이다. 산 아래에서 올려다볼 때는 자기 모습을 보이지 않던 두 책이 마침내 등반에 성공하자 너무도 명료하게 자기의 본모습을 보여주었다. 해석학적으로 말하자면 해석학적 순환이 완성된 것이다. 다른 말로는 '비로소 이해된 것'이다.

실행(失行) 도의에 어그러진 좋지 못한 행동을 함. 또는 그런 행실.

패덕(悖德) 도덕이나 의리 또는 올바른 도리에 어긋남. 또는 그런 행동.

소장(疏章) 상소하는 글.

유복자(遺腹子) 태어나기 전에 아버지를 여읜 자식.

법식(法式) 법도와 양식을 아울러 이르는 말.

유고(有故) 특별한 사정이나 사고가 있음.

고제(古制) 옛 제도.

상고(詳考) 꼼꼼하게 따져서 검토하거나 참고함.

종법(宗法) 제사의 계승과 종족의 결합을 위한 친족 제도의 기본이 되는 법.

적장자(嫡長子) 본디 첩 제도가 인정되는 가족 제도에서, 정실이 낳은 장자를 이르는 말.

고사(故事) 옛날부터 전해오는 규칙이나 정례.

사직(社稷) 나라 또는 조정을 이르는 말.

사리(事理) 일의 이치.

사세(事勢) 일이 되어 가는 형세.

마침내 유학의 최고봉 《주역》에 오르다

마침내《주역》봉에
오르다

나는 2019년 상반기 중에 필사적으로 매달려《주역》번역과 풀이를 마치고 지난 2020년 10월에 3권짜리《이한우의 주역》을 냈다. 들어가는 말로 이 책 전체의 마무리를 대신할까 한다.

공자의 공부 세계를 우리나라 경복궁에 비유하자면《주역》은 근정전(勤政殿)이고《논어》는 그 바로 뒤에 있는 사정전(思正殿)과 같다. 근정전은 엄정하고 사정전은 다소 편안하다. 둘 다 정사(政事)를 논하던 곳이지만, 근정전은 의례(儀禮)가 행해지던 곳인 반면 사정전은 활발한 토론이 있던 공간이다.

고전의 바다에서 지혜를 낚는 법

그런데 비유의 방향을 조금 바꿔서 다시 살펴보자. 다산(茶山) 정약용(丁若鏞)은 자신의 《주역》 풀이를 위한 핵심 이론을 이렇게 말했다.

효변(爻變)은 궁궐의 천문만호(千門萬戶)를 모두 열 수 있는 열쇠다.

궁전 속에는 종묘의 아름다움과 백관의 풍부함이 모두 있으나 자물쇠가 견고히 채워져 있어서 그 문 앞에 누가 이르더라도 아무도 감히 내부를 엿볼 수 없다. 그런데 여기에 만능열쇠가 있어 그 열쇠만 손에 쥔다면 궁전의 모든 문을 열 수 있으니, 그 열쇠로 외문을 열면 외문이 열리고 중문을 열면 중문이 열리고 나머지 문도 모두 열리니 전부 감상할 수 있다는 것이다. 이는 정약용의 《주역사전(周易四箋)》이라는 책이 갖는 의의를 너무도 정확하게 표현한 비유라 여긴다. 효변(爻變)이란 괘를 이루는 효가 고정된 것으로 생각하는 기존 학설과 달리 효 자체가 늘 변화하는 것으로 보고서 정약용이 그 뜻을 풀어낸 독자적인 학설이다. 마치 물리학에서 원자를 더 이상 쪼갤 수 없는 최후의 단위로 여겼으나 19세기 말 20세기 초 원자보다 더 작은 물질의 존재를 상정한 양자 역학이 등장한 것과도 같다고 보면 된다.

다만 이번에 내가 했던 작업과 비교할 경우 조금은 다른 비유를 쓰는 것이 석확할 듯하나. 《논어》 사장(子張)편에는 아주 흥미로운 비유 하나가 나온다.

(노나라 대부) 숙손무숙(叔孫武叔)이 조정에서 말하기를 '자공(子貢) 이 공자보다 뛰어나다'고 했다.
자복경백(子服景伯)이 그 말을 자공에게 전하자 자공은 이렇게 말 했다.
"궁궐의 담장에 비유하자면 나의 담장은 어깨에 미쳐 집 안의 좋은 것들을 들여다볼 수 있지만 스승의 담장은 여러 길이어서 그 문을 얻어 들어가지 못하면 종묘의 아름다움과 백관의 많음을 볼 수 없 다. 그 문을 얻는 자가 드무니, 그 사람의 말이 당연하지 않은가?"

정약용이 궁궐과 열쇠의 비유를 든 것은 바로 이 일화에서 가 져온 것이다. 그런데 《주역사전》이라는 책은 단순히 열쇠에 머무는 것이 아니라 《주역》이라는 궁궐의 설계도를 복원하려는 작업이었 다. 반면에 나는 말 그대로 그 궁궐을 돌아보고 그 안내도를 정리한 것이라 할 수 있다. 방향이 전혀 다른 것이다. 정약용은 주역학을 하려 했다면 나의 이 작업은 주역 풀이에 초점을 맞춘다. 이를 기반 으로 다음에 더 정교하고 친절한 안내서들이 나오기를 기대한다.
마침 '열쇠' 이야기가 나왔으니 내가 《주역》을 풀어낸 열쇠를 소

고전의 바다에서 지혜를 낚는 법

개할까 한다. 예전에 《논어로 논어를 풀다》를 쓸 때 《논어》라는 실타래를 풀어내는 실마리가 되어준 구절이 있었다. 이인(里仁)편에 나오는 다음 구절이다. 오래감이 어짊의 핵심임을 일깨워 주었기 때문이다.

> 어질지 못한 사람은 (인이나 예를 통해 자신을) 다잡는 데 (잠시 처해 있을 수는 있어도) 오랫동안 처해 있을 수 없고, 좋은 것을 즐기는 데에도 (조금 지나면 극단으로 흘러) 오랫동안 처해 있을 수 없다.

이 구절이 없었다면 《논어》를 그만큼이라도 쉽고 명료하게 풀어낼 수 없었을 것이라 여긴다. 그런데 이번에 《주역》을 《논어》로 풀고 다시 《조선왕조실록》과 반고의 《한서》를 비롯한 중국사의 사례를 통해 검증하는 작업을 하다 보니 자연스럽게 자주 사용하게 되는 열쇠가 있었다. 자로(子路)편에 나오는 공자의 다음과 같은 말이다.

> 군자는 섬기기는 쉬워도 기쁘게 하기는 어려우니, 기쁘게 하기를 도리로써 하지 않으면 기뻐하지 아니하고, 사람을 부리면서도 그 그릇에 맞게 부린다. 소인은 섬기기는 어려워도 기쁘게 하기는 쉬우니, 기쁘게 하기를 비록 도리로써 하지 않아도 기뻐하고, 사람을

부리면서도 한 사람에게 모든 능력이 완비되기를 요구한다.

짧지만 여기에는 참으로 많은 주제가 녹아들어 있다. 군자와 소인의 대비, 섬김과 기쁘게 하기의 대비, 도리의 문제, 그 그릇에 맞게 부리는 군자형 지도자의 너그러움과 아랫사람 한 사람에게 모든 것이 다 갖춰져 있기를 바라는 소인형 지도자의 게으름 등이 그것이다. 사실 이 구절은《주역》의 내용을 가장 압축적으로 잘 표현하고 있다. 그중에서 일단 한 가지 문제는 여기서 짚고 넘어가자. 군자와 소인의 대비가 그것이다.《주역》은 한마디로 군자가 되는 공부이자, 군자가 일을 잘 풀어가는 지침이며, 군자가 자신의 삶을 공명정대하게 살려고 방향을 잡아가는 채찍이다. 적어도 공자가 풀어낸《주역》은 그렇다. 한마디로 점서(占書)와는 전혀 무관한 책이라는 말이다.

그런데 우리나라에는《주역》에 대한 오해가 너무도 뿌리 깊다. 그저 운명을 점치는 점서 정도로 여기는 것이다. 이는 한마디로 사기(詐欺)다. 애당초《주역》은 소인의 사사로운 이익과는 무관한 책이다. 그런데도《주역》으로 점을 쳐서 아이를 좋은 학교에 보냈고 돈을 벌었고 하는 이야기를 하며 혹세무민하는 자들이 아직도 적지 않다. 참으로 부끄러운 일이다.

그렇다면《주역》은 어떤 책인가? 반고의《한서》예문지(藝文志)

에서는 요즘 흔히 말하는 성리학이나 주자학의 '사서삼경' 틀에서 벗어난 원형 그대로의 공자 학문 세계, 즉 육예(六藝)를 이렇게 정리해 보여주고 있다.

육예의 애씀[文]이란 (첫째) 악(樂-《악기》)은 정신을 조화시키는 것이기 때문에 어짊의 드러남이요, (둘째) 시(詩-《시경》)는 말을 바르게 하는 것이기 때문에 마땅함의 쓰임이요, (셋째) 예(禮-《예기》)는 몸을 밝혀 그 밝힌 것을 겉으로 드러내는 것이기 때문에 별도의 뜻풀이가 필요 없는 것이요, (넷째) 서(書-《서경》)는 듣는 바를 넓히는 것이기 때문에 사람과 사리를 아는 방법이요, (다섯째) 춘추(春秋-《춘추》)는 일을 판단하는 것이기 때문에 믿음의 상징이다. 이 다섯 가지는 대개 오상(五常-인·의·예·지·신)의 도리로 서로 응하여 갖춰지고 역(易-《주역》)은 이 다섯 가지의 근원이 된다. 그래서 이르기를 '역(易)의 뜻을 볼 줄 모른다면 건곤(乾坤)은 혹 멈추거나 사라지는 것에 가깝다'고 했는데 이는 하늘과 땅과 더불어 시작과 끝이 이루어진다는 말이다.

한마디로 근본 중의 근본이라는 말이다. 《주역》을 가장 짧게 압축하면 제왕의 일을 하는 책이다. 일을 공자는 《주역》에서 '그 달라짐을 통하게 하는 것'이라고 정의한다. 지도자가 일을 한다는 것은 바로 그때마다의 달라진 상황에 맞게 그에 가장 마땅한 도리를 찾아내 일을 풀어가는 것이다. 간혹 날 때부터 이를 잘하는 사람이 있다. 그러나 대부분은 배우지 않고서는 그 일을 극진히 잘 해낼 수가 없다. 그 훈련서가 바로 《주역》이다. 한문 조금 안다고 해서 얼기설기 엮어서 나라의 운세 운운하는 사람들이 입에 담을 수 있는 책이 아니라는 말이다.

공자가 말하는 예(禮) 또한 실은 예법이나 예절보다는 일의 이치와 깊이 연결돼 있음에도 이에 대한 우리의 인식은 전무하다시피 하다. 그들만의 '학문 공화국' 아니 '한문 공화국'이 빚어낸 '한학 신비주의' 때문이다. 한문이 다른 언어에 비해 배우기에 조금 더 어려운 것은 사실이지만 결코 뛰어넘을 수 없는 장벽은 아니며, 결국 그것도 하나의 언어일 뿐이다. 조금 어렵고 함축성이 강한 문자일 뿐인 것이다. 그런데 미처 그 장벽을 뛰어넘지도 못한 사람들이 벽 한 구석을 더듬거리며 얻어낸 몇 가지 담벼락의 흙 부스러기를 들고서 마치 그것이 한문인 양, 한학인 양 해온 것이 지난 20세기 우리나라 전통 학문의 수준이다. 《예기(禮記)》 중니연거(仲尼燕居)편에서 공자는 이렇게 말하고 있다.

예(禮)란 무엇인가? 그것은 일에 임해서 그것을 다스리는 것이다.
군자는 자신의 일이 생기면 그것을 다스리게 되는데, 나라를 다스

림에 있어 예가 없으면 비유컨대 장님에게 옆에서 돕는 자가 없는
것과 같다.

예를 이처럼 공자 자신이 명확하게 일을 다스리는 것이라고 말
하는데도 한사코 퇴행적으로 예절이나 가례(家禮)에 국한시켜서
이해하려는 이유는 무엇일까? 하나는 무지 때문이고, 또 하나는 주
자학의 체계적인 왜곡 때문이다.

우리는 300년 이상 주자학이라는 기괴한 사상 체계에 푹 젖어
있었기 때문에 그것이 공자의 원래 유학과 얼마나 다른지조차 모른
다. 게다가 주자학 자체가 어떤 것인지도 제대로 인식하지 못하고
있다.

사실 이 문제는 별도의 책 한 권을 써야 할 만큼 중대한 학술적
사안이기는 하지만, 여기서는 간략하게나마 주희(朱熹)라는 사람
이 공자의 학문을 어떻게 왜곡했고 우리는 그 영향권 속에 얼마나
오랫동안 젖어 있었는지를 짚어보려고 한다. 그것은 내가 《주역》을
가능한 한 본래의 모습대로 풀어내려고 한 이번 작업의 중요한 의
도 중 하나이기도 하기 때문이다.

우선 사서(四書)의 집대성이다. 원래 송나라 이전까지는 사서라
는 말이 없었다. 원래 《예기(禮記)》에 포함된 하나의 장(章)에 불과
했던 《대학》과 《중용》은 일찍부터 유학자들의 주목을 받아 별도로

경(經) 취급을 받았다. 당나라 때의 한유와 이고(李皐)가 거기에 앞장섰다. 그리고 당나라 문종(文宗) 때 12경(經)을 간행하면서 《논어》도 경의 지위를 얻었다. 그리고 북종 때 13경을 간행하면서 비로소 《맹자》도 경으로 승격됐다.

여기까지는 그나마 건강했다. 그러나 정호(程顥), 정이(程頤-정이천) 형제가 오경보다는 사서를 강조하면서 남송에서는 새로운 흐름이 생겨났다. 흔히 말하는 성리학이다. 일보다는 말을 중시하는 '신권(臣權) 이론' 혹은 '반(反)왕권 이론'으로의 변형 유학이 생겨나는 순간이다. 그 후에 주희가 나와서 이런 경향을 더욱 왜곡시켰다. 이 과정을 중국의 수징난 교수는 《주자평전》(김태완 옮김, 역사비평사)에서 다음과 같이 간결하게 정리했다.

사서에 대한 연구는 정호와 정이가 창도한 뒤로 정문(程門)의 뛰어난 수많은 제자들과 다른 이학가들의 동조를 거쳐 비로소 세상을 떠들썩하게 한 사서학을 형성함으로써 점차 오경학을 능가하는 추세를 보였다.

주희 스스로 사서집해(四書集解)에서 사서집주(四書集註)로 비약한 것은 한편으로는 유가 문화의 역사적 거울처럼 경학의 역사적 변화 과정을 반영한다. 사서집주에서 그는 한·위·수·당 주석가들의 설은 극히 적게 인용하고 정호와 정이 이래 이학자(理學者)들의

고전의 바다에서 지혜를 낚는 법

설을 대량으로 인용하면서 이들의 설을 세 등급으로 나눴다. 곧 정호와 정이의 설을 인용할 때는 정자(程子)라 일컫고, 정문 제자들의 설을 인용할 때는 아무개 씨라 일컬었으며, 정문 제자가 아닌 사람들의 설이나 후배 이학가들의 설을 인용할 때는 성과 이름을 함께 일컬었다.

예전에 내가 주희의 사서집주가 갖는 도그마적 성격을 제대로 이해하지 못한 때에 쓴 《논어로 대학을 풀다》에서 이미 이렇게 밝힌 바가 있었다.

"《대학》을 보고 또 힘을 붙여 《논어》를 보고 또 힘을 붙여 《맹자》를 보아 이 세 책을 보고 나면 이 《중용》은 절반은 모두 마치게 된다"고 했다. 그러나 필자는 《논어》, 《중용》, 《대학》, 《맹자》 순으로 읽어나갈 것이다. 그 이유는 잠시 후에 설명할 것이다.

주희의 '사서' 읽기 순서는 스승의 도움을 전제로 한 것이다. 곁에서 지도해 주는 스승이 있다면 주희의 말대로 《대학》을 먼저 보면서 전반적인 개요를 살피고, 이어 《논어》를 통해 그 내용을 풍부하게 한 다음, 다시 《중용》으로 요약하고, 끝으로 《맹자》를 읽어 총정리를 하는 것도 나름대로 '사서'를 읽어내는 훌륭한 방법이 될 수 있을 것이다.

그러나 필자는 혼자서 읽어나가는 것을 전제로 했다. 그럴 경우 책의 난이도만 놓고 본다면 《맹자》에서 출발해 《논어》를 읽고 이어 《대학》과 《중용》으로 마무리할 수도 있다. 그런데 이 방법이나 주희의 방법에는 근본적인 문제가 하나 있다. 그것은 공자 자체보다는 이후 공자-맹자-주희로 이어지는 도통(道統)의 맥락에서 '사서'를 읽어가려는 경직된 태도에 물들게 할 수 있다. 사실 《논어》를 제외하면 나머지 세 책은 모두 도통을 세우려는 뚜렷한 의도를 갖고서 주희가 고른 책이라는 점을 항상 주의할 필요가 있다.

사실 주희의 사고방식이 갖는 위험성은 그때보다 지금 더 심각하게 여기고 있고, 우리는 서둘러 거기서 벗어나지 않으면 안 된다고 여긴다. 다시 수징난 교수의 말이다.

사서학 체계의 완성이 유가의 전통문화사에서 차지하는 의의는 동중서(董仲舒)가 한 무제에게 홀로 유술을 높이고 백가를 파출하라고 건의했던 것과 같은 차원으로 거론할 만하다. 동중서가 육예(六藝)를 표창하여서 공학(孔學)을 경학화하고 육경에 통치 사상의 지위를 얻게끔 했다고 한다면, 정호와 정이, 주희가 사서를 표창한 것은 경학을 이학화하여서 사서가 육경의 독점적 지위를 빼앗게끔 했다.

고전의 바다에서 지혜를 낚는 법

주희의 이 같은 의도는 어느 곳보다 조선에서 철저하게 관철됐다. 말이 '사서삼경'이지 삼경(三經), 즉 《주역》, 《서경》, 《시경》은 흐지부지 읽지 않아도 되는 책으로 내몰렸다. 게다가 주희는 《주역》에 대해서는 일관되게 점서(占書)라는 혐의를 덧붙여 사실상 그 책을 무력화했다.

정리하자면 사서집주는 이미 그 의도가 《논어》의 무력화에 있었다. 즉 강명(剛明)한 군주를 기르기 위한 체계적인 제왕학 책으로서의 《논어》 체계를 해체해 사대부의 심신 수양서로 전락시켰다. 《주역》을 점서로 전락시킨 주희의 의도 역시 《논어》를 해체시킨 의도와 다르지 않다. 이유는 간단하다. 굳세고 눈 밝은 군주야말로 자신의 신권(臣權) 이론의 가장 큰 방해물이기 때문이다.

조선 초에 성리학이 들어왔다고는 하지만 아직은 초창기라 그저 참신한 유학 정도로 이해된 듯하고, 부분적으로만 신권 이론의 측면을 파악하고 있었던 듯하다. 그러나 지속적으로 명나라에서 책들이 수입되고 공부가 심화되면서 대체로 성종 때를 지나면서 신권 이론으로서의 주자학을 의식적으로 받아들였고, 그것이 처음 현실 정치에서 대두된 것이 바로 조광조(趙光祖)의 도학(道學) 정치다. 중종이 뒤늦게 그 '반(反)왕권 이론'의 성격을 알아차리고서 결국 그를 사형에 처해버린 것이다. 왕권과 신권의 정면충돌이었다. 이를 한가롭게 개혁과 반개혁으로 정리해 내는 우리 역사학계의 이론적 빈곤이 안타까울 뿐이다.

　이번 작업은 앞서 말한 대로 《주역》을 《논어》로 풀고 다시 《조선왕조실록》과 반고의 《한서》를 비롯한 중국사의 사례와 인물을 통해 검증하는 과정을 밟았다. 그리고 《주역》에 대한 기본적인 풀이는 흔히 의리역(義理易)의 최고 이론가로 꼽히는 송나라 정이천(程伊川)의 《역전(易傳)》의 도움이 컸다. 《주역》을 풀이하는 입장에는 크게 의리역과 상수역(象數易)이 있는데, 쉽게 말하면 의리역은 괘나 효의 의미 풀이에 중점을 두는 것이고, 상수역은 점술로 보는 것이다. 주희(朱熹)는 상수역을 고집했다. 나는 정이천의 입장을 따랐다. 정이천의 《역전》의 번역본은 《주역》(심의용 옮김, 글항아리)을 기본으로 하면서 몇몇 용어는 나의 고유한 언어로 고쳤다. 예를 들면 덕(德)을 다움으로 옮기고, 성(誠)을 열렬함으로 옮기는 식이다.

　또 같은 의리역의 입장에 서 있는 왕필(王弼)·한강백(韓康伯) 주(注), 공영달(孔穎達) 소(疏) 《주역정의(周易正義)》(성백효 옮김, 전통문화연구회)의 도움 또한 컸다.

　그리고 다시 최종적으로 성격이 조금 다른 책이기는 하지만 정약용의 《주역사전》을 통해 괘와 효를 하나씩 점검하는 단계를 통해 마무리했음을 밝혀둔다.

　이 책에는 많은 역사적 사례가 등장한다. 그것은 내가 2001년 서양철학을 뒤로하고 우리 학문의 세계에 뛰어들면서 세종에게서 배운 공부법 때문이다. 경사(經史) 혹은 경사(經事)의 통합이 그것이다. 원리나 이치를 배우면 일에 적용할 수 있어야 하고, 일에 임하면 원리나 이치를 추출해 낼 수 있어야 한다. 때로는 우리에게 익숙하지 않은 사례의 경우 매우 상세하게 다룬 것도 이 점을 염두에 둔 때문이다.《주역》만 알고서 끝날 일이 아니다. 그것은 역사적 사례를 매개로 해서 지금의 현실에까지 이어져야 하리라 여긴다. 이 부분은 독자 스스로의 연마의 몫으로 남겨둔다.

어휘 풀이

천문만호(千門萬戶) 대궐의 많은 문호를 이르는 말.
사기(詐欺) 나쁜 꾀로 남을 속임.
혹세무민(惑世誣民) 세상을 어지럽히고 백성을 미혹하게 하여 속임.
건곤(乾坤) 하늘과 땅을 아울러 이르는 말.
창도(唱導) 어떤 일을 앞장서서 주장하고 부르짖어 사람들을 이끌어 나감.
도통(道統) 도학(道學)을 전하는 계통.
유술(儒術) 유교의 도.
백가(百家) 여러 가지 학설이나 주장을 내세우는 많은 학자 또는 작자.
파출(罷黜) 잘못을 저지른 사람에게 직무나 직업을 그만두게 함.

#

어렵기만 한 고전을
왜 공부해야 할까요?

이 질문에 답하려면 왜 고전은 쉽지 않고 어려운지에 대해 먼저 답해야겠네요. 고전이 어려운 이유는 여러 가지가 있습니다.

첫째, 옛날과 지금은 시대나 무대가 크게 다릅니다. 그러다 보니 지금의 시대나 우리나라와는 잘 맞지 않는 부분이 있어 갭이 생겨납니다. 이런 갭은 사실 하나씩 극복해 나가면 되기 때문에 시간이 걸릴 뿐 극복할 수 없는 것은 아닙니다. 어려움치고는 큰 어려움은 아니라는 말씀입니다.

둘째, 분야의 생소함이 어려움을 만들어내지요. 예를 들어 물리학 전공자가 갑자기 철학의 고전을 읽으면 무슨 말인지 알 수가 없

254

습니다. 그 반대도 마찬가지고요. 이것은 어떤 분야에 대한 기본 지식을 쌓아가면 저절로 해결됩니다. 저의 경우는 철학 이외에 사회학을 공부해 본 적이 있는데, 기본 입문서들을 읽어가고 특히 영어나 독일어로 된 좋은 소개 책자들을 두루 읽으며 6개월쯤 지나니 그 분야의 기본 개념이나 사고방식이 좀 익숙해지면서 사회학의 고전들도 읽을 수 있었습니다. 막스 베버의《경제와 사회》라는 방대한 책도 흥미롭게 읽어갈 수 있었습니다.

셋째, 고전 자체의 깊이가 주는 어려움이 있습니다. 우리가 함께 읽어왔지만 공자의 고전들이 그렇습니다. 이걸 미언대의(微言大義)라고 합니다. 무슨 말인가 하면, 표현된 말들은 짧고 미미하지만 담겨 있는 뜻은 무궁무진한 경우를 말합니다. 책 후반부에서 여러분이 체험했던 바가 바로 이런 미언대의의 전형입니다. 그동안 우리나라 동양학자들은 이런 깊이는 모른 척하고 그냥 겉으로 표현된 짧은 단어에만 매달리다 보니 그 말의 속뜻으로 들어가지 못한 것이지요. 대신 이런 어려움을 제대로 풀어냈을 때의 만족감이나 행복은 그 무엇과도 바꿀 수가 없습니다.

넷째, 잘못된 고전 번역이 주는 어려움이라 할 것입니다. 앞에서도 말했지만 우리나라 고전 번역은 아직도 만족할 수준이 못됩니다. 그런 점에서 천병희 선생님의 그리스 고전 번역은 참으로 소중하다고 할 것입니다. 다른 번역들은 대부분 영어나 일본어로 쓰인 그리스 고전을 번역했기에 말도 통하지 않고 깊이도 없답니다. 저도 아직 모자라지만 공자나 유가의 고전들 중에서 이한우가 번역했으면 믿고 읽을 만하다는 평가를 받고 싶은 꿈이 있지요.

그러나 제대로 된 번역으로 고전을 잘 소화할 경우 흔한 자기계발서 100권보다 더 큰 효과와 즐거움이 있습니다. 바로 이 점 때문에 우리는 숱한 어려움에도 불구하고 그 어려운 고전에 도전하는 것인지 모릅니다. 좋은 번역으로 읽은 고전은 단순히 머리만을 채워주는 데 그치지 않고 우리의 마음을 길러줍니다. 고전 고르는 안목을 높여가면서 동서양 각 분야의 고전들을 섭렵해 간다면 여러분의 인생은 참으로 풍요로울 것입니다.

도전하라

젊은 층, 미래 세대들은 아마도 이 책을 읽기가 쉽지는 않았을 것입니다. 낯선 한자들이 많아서 더욱 그랬을 것입니다.

그러나, 그러나 말입니다.

여러분 눈높이에 맞추느라 정작 해야 할 이야기를 못 한다면 그 것은 정직한 글이 아닙니다. 올해 60살을 맞은 한 한국인이 오직 여러분의 지적 밑거름이 될 만한 고전들을 찾아서 여러분이 쉽게 읽도록 하기 위한 노력을 있는 그대로 적어본 것입니다. 적어도 인내심을 갖고 이 글을 읽는 독자라면 이 사람의 말을 충분히 이해하리라 믿습니다.

저는 《주역》 공부를 마친 지금도 여전히 여러분의 정신적 양식이 될 만한 책을 찾아서 부지런히 번역을 하고 있습니다. 또 혹시라도 한문 공부를 하고 싶어 하는 사람들을 위해서 《이한우의 태종실록》의 경우 번역뿐만 아니라 원문도 함께 수록하고, 또 쉽게 원문을 읽을 수 있도록 한자 아래에 독음을 달아놓았습니다.

번역에는 비약이 없습니다. 모른다고 해서 빼버리고 번역하면 그것은 독자뿐만 아니라 자기 자신을 속이는 일입니다. 아마도 인생도 마찬가지라 여깁니다. 어려움에 부딪히면 피하려 하지 말고 정면으로 도전하십시오. 그런 사람만이 끝에 가서 웃을 수 있습니다.

젊은 세대를 위해 좋은 세상 만드는 일에 직접 기여한 비는 없지만 여러분이 좋은 세상을 만들 수 있는 지적 기반의 일부를 담당하는 것으로 다음 세대에 대한 책무를 대신하려 하니 너그럽게 받아들여주기를 바랍니다.

세상은 이제 여러분의 것입니다.

다음 세대에 전하고 싶은 한 가지는 무엇입니까?
다음 세대를 생각하는 인문교양 시리즈 아우름

아우름 시리즈는 계속 출간됩니다.

아우름 49

고전의 바다에서
지혜를 낚는 법

1판 1쇄 인쇄 2021년 4월 19일
1판 1쇄 발행 2021년 4월 27일

지은이 이한우
펴낸이 김성구

주간 이동은
책임편집 고혁
콘텐츠본부 현미나 송은하 김초록
디자인 이영민
제 작 신태섭
마케팅본부 최윤호 나길훈
관 리 노신영

펴낸곳 (주)샘터사
등 록 2001년 10월 15일 제1-2923호
주 소 서울시 종로구 창경궁로35길 26 2층 (03076)
전 화 02-763-8965(콘텐츠본부) 02-763-8966(마케팅본부)
팩 스 02-3672-1873 **이메일** book@isamtoh.com **홈페이지** www.isamtoh.com

ISBN 978-89-464-2178-3 04080
ISBN 978-89-464-1885-1 04080(세트)

값은 뒤표지에 있습니다.
잘못 만들어진 책은 구입처에서 교환해 드립니다.